보컬 트레이닝의 정석 Ⅱ

The Art of Vocal Training Ⅱ

전기영

현재 보컬 트레이닝 전문기관인 '프로 보컬 인스티튜트(PVI)' 대표이다. 초등학교 시절, 대학을 다니던 누나들 덕분에 비교적 어린 시절부터 기타를 뚱땅거리며 비틀스에 심취, 학업에 뜻이 없음을 일찌감치 깨닫고 경기고 재학 시절 인근 고등학교 선후배들을 꼬드겨 스쿨밴드로 음악을 시작하였다. 미대를 다니면서 홍대 및 대학로 주변의 라이브 무대에서 공연하다가 밴드 멤버가 관객 수보다 많은 언더그라운드 록 밴드의 현실에 절망, 입대 후 문선대에서 복무하였다. 전역 후 성악, 판소리 등을 배우다가 90년대 후반 미국으로 건너가 할리우드에 위치한 MI(Musicians Institute)에서 보컬을 전공하였고, 단국대학교 문화예술대학원 대중음악학과를 졸업하였다.

미국 Bethesda University에서 강사로, 오페라 캘리포니아의 음악감독으로 활동했으며 LA Radio Korea에선 '전기영의 테마가 있는 노래' 라는 프로그램을 진행하기도 했다. 2007년 초, 한국인으로는 처음으로 '세스 릭스(Seth Riggs)' 발성 테크닉인 SLS(Speech Level Singing) 티칭 라이선스를 취득하였고 이후 SLS의 한국대표(EAG)를 역임하였다. 귀국 후 EBS '딩동댕 유치원' 음악감독으로 활동하였으며, 용인대학교 실용음악과 겸임교수로 재직했다. 10여장의 개인 음반을 발표하였고 제자인 조안나의 'Ave Maria', 테너 신동혁 'Adagio' 등의 앨범을 프로듀싱하였다. 오디션 프로그램인 MBC '위대한 탄생', EBS '생활 백과' 음치 탈출 등에 출연하였으며, 빅마마(이지영), 펄시스터즈(배인숙), SG워너비(김진호), 폴킴, 2AM(창민), 이현, 포맨, 소울스타, 차수경, 꽃잠 프로젝트(김이지), 연규성, 소심한 오빠들, 엘리오(2014 호주 더 보이스), 비스트, 글램, 여자친구(예린, 은하, 유주, 신비, 엄지) 등 많은 가수와 김지현, 이지훈, 이주광, 이충주, 정명은, 조안나, 신진범, 최원준, 최지이, 이우종, 전호준, 정서희, 남궁혜윤, 양지원, 최은실, 임동섭, 신동혁 등 뮤지컬 배우와 성악가, 국악인 이희문(씽씽밴드, 오방신과), 하지아, 그리고 한효주, 황승언, 한석준, 이인철, 백성문, 차다빈, 라라 베니또 등 배우, 방송인, 유튜브 크리에이터 등 300명이 넘는 스타들을 트레이닝하였다. 또한 일본의 MI(Musicians Institute Tokyo), 교토 대학 등에서 강연 및 세미나를 개최하였으며, 한국인 최초로 일본에서 실용음악 책을 출간 '實踐ボ-カル力養成講座(2018, 야마하 출판사)', '實踐リズム感 養成講座(2019, 야마하 출판사)' 두 권 모두 베스트셀러에 올랐다.

프로들이 입소문으로 찾아오는 프로보컬 인스티튜트(PVI)는 미국의 MI(Musicians Institute), LACM(Los Angeles College of Music), 영국의 ICMP(The Institute of Contemporary Music Performance)와 파트너십을 맺은 국내 유일의 보컬 트레이닝 전문기관이며, 미국, 호주, 일본, 중국, 스페인, 남아프리카 공화국에서까지 많은 학생이 찾아온다. 또한 전문적인 보컬 트레이너 양성을 위한 '보컬 트레이너 민간자격증(1급~3급)' 과정을 운영 중이다.

100세까지 현역에서 트레이닝하는 것이 목표이자, 세계 최고의 보컬 교육기관을 꿈꾸는 저자는 오늘도 그와 함께 하는 선생님들과 즐겁게 레슨 중이다.

한국 & 일본 베스트셀러
보컬 트레이닝의 정석의 후속작

리듬 & 그루브 훈련을 위한

전곡 음원 QR 코드 제공

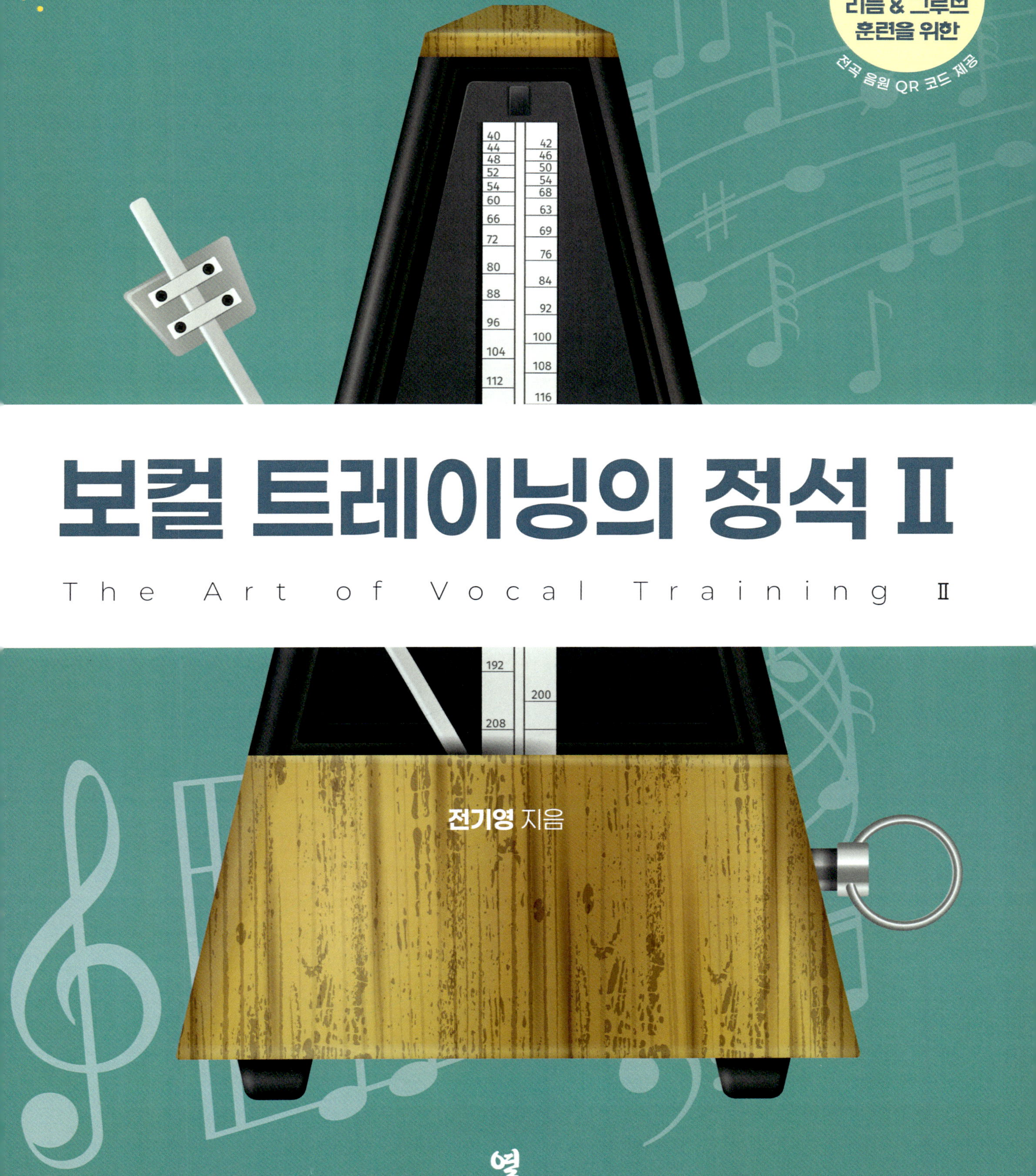

보컬 트레이닝의 정석 Ⅱ

The Art of Vocal Training Ⅱ

전기영 지음

열심

추천의 글

강수호 (Drummer, 교수)

프로이든, 아마추어이든 상관없이 음악의 근간을 이루는 리듬 훈련의 중요성은 아무리 강조해도 지나치지 않다. 이 책은 머리로 이해해야 하는 기초적인 이론, 리듬시창 연습뿐만 아니라 제공된 음원을 통해 몸으로도 그루브(Groove)를 느낄 수 있게 해준다. 저자가 공들여 만든 음원으로 연습하다 보면 쉽고 재미있게 리듬과 그루브를 마스터할 수 있을 것이다.

김대형 (Drummer, 교수)

아마도 리듬을 중심으로 풀어낸 보컬 교재는 국내 상황에서는 거의 보기 드문 경우가 아닌가 싶다. 대학에서 드럼과 합주 수업을 지도해온 나로서는 항상 보컬 전공생들에게 아쉬웠던 부분이 정확한 템포로 연주하는 것과 자연스러운 리듬의 해석과 적용이었다. 전기영 선생님의 책은 그런 고민을 풀어내기에 아주 적합한 교재라 확신한다. 모든 보컬을 전공하는 학생들은 꼭 주목해야 할 지침서임이 분명하다. 이 책을 들고 열심히 시도해보시라!
그러면 확연히 달라진 자신을 기대할 수 있을 것이다.

남궁연 (Drummer, 크리에이터)

언어에서 고저장단(高低長短)은 매우 중요하죠? 노래도 결국은 언어(말)의 예술적 확장입니다. 쉼표를 연주하라는 말이 있듯이 이번 전기영 코치의 신간은 리듬을 억지로 따라가는 것이 아니라 스스로 만들어내는 방법을 담았습니다.
*추신) 오디오 교재의 퀄리티가 악기 연주자들이 카피해도 될 정도로 좋은 건 함정입니다.

서영도 (Bassist, 교수)

저자가 오랫동안 고민하며 만든 책의 출간 소식을 듣고 그 누구보다 먼저 이 내용을 살펴보았다. 한눈에 읽히는 심플하고 유니크한 문장들과 악보들, 거기에 심혈을 기울여 제작된 트랙들을 통해 보컬뿐 아니라 여타 악기 연주자들에게도 훌륭한 'Play-A-Long' 교본이 될 것이며, 같이 제공되는 여러 템포와 스타일의 반주 음원에 맞춰 연습하다 보면 그동안 벽에 부딪혔던 리듬의 비밀들이 안개 걷히듯 풀리면서 한 단계 더 올라서게 될 것이다.
타고난 목소리와 타고난 재능에 의한 음악도 있겠지만, 수 없는 연습을 통해 갈고 닦인 음악도 우리에게 충분한 감동을 전하는 만큼 미래의 멋진 뮤지션이 되는 데 있어서 이 책이 당신에게 훌륭한 친구가 될 수 있을 것이다. 벌써 저자의 다음 레슨이 기다려진다.

오종대 (Jazz Drummer, 교수)

저는 『보컬 트레이닝의 정석 Ⅱ』 발간이 매우 고맙습니다. 오랫동안 리듬에 관한 수업을 진행해 오면서 화성학과 같은 이론이나 악기에 관한 교재들에 비해 책이 참 없구나 하는 생각을 많이 했었죠. 이 책이 실용음악 분야를 공부하는 많은 학생에게 큰 도움이 될 것으로 생각합니다. 앞으로도 좋은 책들 계속 기대하겠습니다.

장기호 (싱어송라이터, 교수)

리듬의 다양한 형태와 이에 수반하는 지식을 체계적으로 훈련할 수 있도록 잘 정리한 교재이다.
다양한 리듬을 소화할 수 있다는 것은 다양한 음악을 표현할 수 있다는 것과도 같다.

조윤성 (작곡가 & Jazz Pianist)

저는 운 좋게도 재즈 드러머인 아버지의 영향과 어린 시절 남미에서 자란 경험 덕분에 '라틴(Latin)' 음악의 그루브나 세계 각국 음악의 다양한 그루브를 별 어려움 없이 접하고 받아들일 수 있었습니다. 하지만 미국과 한국에서 학생들을 가르칠 때마다 아쉬웠던 점은 프로 뮤지션이 되기 위해 반드시 알아야 할 다양한 스타일의 그루브에 대해 연습할 수 있는 마땅한 교재나 방법론적 이해가 부족하다는 점이었습니다. 이러한 시점에 음원과 함께 연습하며 자연스럽게 다양한 그루브를 체감할 수 있는 교재가 나온 것을 반갑게 생각합니다.
이 책은 리듬과 그루브에 대한 기초를 다지는 데 큰 도움이 될 것입니다.

찰리 정 (Guitarist, 교수)

먼저, 전작 『보컬 트레이닝의 정석』에 이어 1여 년 만에 출간된 두 번째 책의 출간을 축하드립니다. 격투기 실전 경험이 없는 사람이 격투기 교본을 달달 외운다고 당장 격투기 선수가 될 수 없는 것처럼, 부록의 그루브 음원들을 따라 하면서 자연스럽게 그루브 감각을 느끼고 익힐 수 있도록 구성한 아이디어가 아주 좋습니다. 간략하면서도 꼭 필요한 이론 설명, 그리고 세 가지 파트로 세분화한 연습 방법 등, 보컬뿐만 아니라 연주자에게도 아주 좋은 교재라 생각하며 추천합니다.

황찬희 (작곡가, 프로듀서)

작곡가로서 수많은 가수와 작업하면서 가장 디렉팅하기 힘든 유형이 바로 그루브에 대한 이해가 부족한 분들이다. 피치와 관련된 부분은 보정이 가능하지만 리듬감은 그 가수만의 특징적인 것이기 때문에 함부로 건드리면 자칫 밋밋해지기에 십상이다. 하지만 본인만의 그루브가 없는 가수들은 어느 장단에 맞춰 디렉팅을 해야 할지 난감할 때가 한둘이 아니다. 작곡가들 사이에서 베테랑 가수와 작업할 때면 흔히 '노래를 가지고 논다' 라는 표현의 말을 한다. 이 표현은 비단 음정이 좋은 것뿐만 아니라 본인만의 그루브가 노래를 지배하고 있다고 느끼면서 쓰는 말일 것이다. 부디 이 책을 통해서 가수, 그리고 연주자들이 템포 카운팅에 끌려다니지 않고 자신만의 그루브를 완성하길 간절히 바란다.

서문

보컬 트레이닝을 하다 보면 발성이나 소리는 좋음에도 불구하고 노래만 하면 이상하리만큼 단조롭고 무미건조하게 부르는 학생들을 종종 만나게 됩니다. 특히 리드미컬한 스타일의 곡들을 노래할 때 이러한 현상이 자주 발생하곤 합니다. 어릴 때부터 음악을 공부해서 시창이나 청음 능력이 뛰어난 학생의 경우도 마찬가지입니다.

왜 이런 일이 발생하는 걸까요? 질문에 대한 답을 찾기 위해 이런 부류의 학생들을 분석하다 보니 나름의 공통점을 발견하게 되었습니다. 그것은 다양한 음악 장르와 스타일에 적합한 리듬감, 즉 '그루브(Groove)'*가 부족하기 때문입니다. 또한, 듣는 음악의 장르가 다양하지 못하고 특정 장르에만 국한된다는 공통점도 있었습니다. 이로써 필자가 내린 결론은 아래와 같습니다.

첫째, 기본적인 박자(강약)와 리듬(길고 짧음)의 감각이 부족하다.
둘째, 다양한 음악 스타일의 특징을 살려주는 유기적인 호흡인 그루브가 부족하다.
셋째, 음악을 다양하게 듣지 않고 특정 장르의 음악만을 주로 듣는다.

필자와 함께 트레이닝하는 학생 중에는 '스테디(Steady)' 하고 '스트레이트(Straight)' 한 박자와 리듬에 익숙한 성악 전공자가 많습니다. 이런 학생들이 뮤지컬 배우나 일반 대중 가수로 전향하려고 할 때 힘들어하는 이유는 대부분 여러 가지 음악 스타일의 특징을 살려주는 그루브의 감각과 이해가 부족하기 때문입니다. 많은 종류의 음악을 듣는 것은 본인의 재량이라서 필자가 직접적인 도움을 줄 순 없지만, 필자의 오랜 경험의 노하우가 담겨있는 이 교재를 활용한 공부는 다양한 연령층과 경력을 가진 학생들의 리듬시창 능력과 그루브의 감각을 비교적 짧은 시간 내에 확연히 좋아지게 만들었습니다.

다종의 음악 장르가 존재하지만 모든 장르를 완벽하게 소화하는 가수는 드물 것입니다. 실제로 록(Rock) 음악의 '스트레이트(Straight)' 한 그루브에 익숙한 가수에게 재즈의 '스윙(Swing)' 그루브를 잘타며 노래하는 것을 기대하기는 어렵겠지요. 하지만 다양한 스타일의 그루브 연습을 통해서 오히려 본인이 추구하는 특정 장르의 음악을 더 잘 표현할 수 있다고 생각합니다. 특히 노래를 전공하는 학생들이 연주자들에 비해 시창과 청음 같은 기본적인 훈련이 부족한 것을 보며 조금은 안타까운 마음으로 이 책을 쓰게 되었습니다. 음악은 머리로 이해하는 과정이 분명 필요하지만, 때론 몸으로만 느낄 수 있는 부분이 있습니다. 본 교재는 최대한 쉽고 간략하면서도 꼭 알아야 할 것들만 다뤘으며 리듬시창을 할 때 악보만 제시한 교재와는 달리 모든 악보의 음원을 함께 제공하므로 혼자서도 충분히 연습이 가능합니다. 기본적인 리듬시창과 박자를 세는 박자젓기(지휘법)를 익힌 후에 필자가 만든 다양한 스타일의 음원에 맞춰 연습하다 보면 본인도 모르는 사이에 리듬과 그루브의 감각이 향상되는 것을 느낄 수 있을 것입니다.

멋지게 그루브를 타며 노래하는 여러분의 모습을 기대해봅니다. **Let's Groove!!!**

2017년 저자 전기영

---

* 그루브(Groove): 사전적으로는 '리듬' 또는 '리듬 패턴'을 말하지만 이 책에선 좀 더 포괄적인 개념으로, '다양한 음악 스타일의 특징을 살려주는 유기적인 호흡'을 의미한다.

About ThisBook

'리듬&그루브 트레이닝의 정석' 이 출간된 지도 어느덧 꽤 많은 시간이 지났습니다. 그동안 세상이 바뀌어 독자들로부터 부록으로 제공되던 CD를 재생할 수 있는 플레이어가 없어서 불편하다는 지적을 종종 받았습니다. 그래서 시대 흐름에 맞게끔 연습을 위한 음원을 QR코드로 만들어 링크로 연결되도록 수정했고, 전작인 '보컬 트레이닝의 정석' 과의 연계성을 높이기 위해 '보컬 트레이닝의 정석 Ⅱ' 로 제목도 수정하였습니다. 하지만 여전히 보컬뿐만 아니라 연주자에게도 리듬과 그루브 훈련을 하는데 큰 도움이 된다고 확신합니다.

이 책의 연습방법은 책이 만들어지기 전부터 필자가 학생들에게 트레이닝하던 방식으로 리듬과 그루브에 자신이 없던 수많은 학생들의 리듬&그루브 능력을 향상시켰습니다.

이 책과 함께 한두 달만 집중적으로 연습한다면 여러분도 리듬&그루브에 자신감이 생길 거라 확신합니다.

Part 2 실전 연습 '메트로놈에 맞춰 손뼉 치면서 리듬 카운트하기' 그리고 '메트로놈에 맞춰 지휘하면서 리듬 카운트하기' 를 하다 보면 기존에 출간된 다른 리듬 시창 책들과 비슷하다고 느낄 수도 있지만, 이 연습들은 마지막 파트의 '그루브에 맞춰 지휘하면서 리듬 카운트하기' 를 위한 선행 학습에 불과합니다. 반드시 제공되는 다양한 그루브 음원에 맞춰 연습해 보세요. 필자가 직접 작곡한 다양한 그루브 음원들을 그냥 음악 감상하듯이 듣다 보면 몸이 먼저 그루브를 체감하는 순간이 올 것입니다.

어린 시절, 교재를 사서 독학을 하려 해도 제공되는 샘플 음원이 한정적이라 혼자 연습하면서도 필자가 하고 있는 게 맞는지 틀렸는지 알 수 없는 답답하고 속상했던 경험이 있습니다. 그래서 이 책은 본문에 사용된 모든 악보의 음원(총 448개)을 빠짐없이 제공합니다.

이 책은 일본 야마하 출판사에서 출간되어 일본에서도 큰 관심과 사랑을 받았습니다. 리듬과 그루브에 유독 관심이 많은 일본 음악가들에게 아이디어와 영감을 주었습니다. 노래를 처음 배울 때는 음역의 한계와 소리의 질감 때문에 '발성' 위주로 훈련하지만, 결국 발성을 어느 정도 훈련한 뒤에는 '리듬' 과 '그루브' 를 어떻게 사용하느냐에 따라 표현력에 극명한 차이를 보입니다.

아무래도 리듬과 그루브를 글로 설명하는 데 한계가 있어 독학하는 분들을 위해 유튜브 채널에 시범 연주 영상도 올렸습니다. 부디 이 책을 통해 여러분의 리듬과 그루브 능력이 향상되기를 기대합니다.

2025년 저자 **전기영**

차례

Part 01 기초이론

Part 02 실전 연습

02. 메트로놈(Metronome)에 맞춰 지휘하면서 리듬 카운트하기   79

03. 그루브(Groove)에 맞춰 지휘하면서 리듬 카운트하기   113

PART 1
기초 이론

01 이 책의 목표와 특징

1. 이 책은 악보 읽는 것을 부담스러워하거나 어려워하는 사람들을 위해 계이름이나 조표가 없는 리듬(음표, 쉼표) 악보로만 구성이 되어있으며, 음의 높낮이가 없이 길이(Duration)만 제시되어 있기 때문에 시창 연습에 대한 부담감을 줄여주고 온전히 리듬 연습에만 집중할 수 있도록 해줍니다.

2. 음표 및 쉼표와 같은 기초 이론부터 복잡하고 다양한 박자와 리듬까지 읽는 것을 목표로 하며, 일부 예제가 아닌 모든 예제의 음원을 함께 제공하므로 혼자서도 충분히 공부할 수 있습니다.

3. '박자젓기(지휘)' 연습을 통해 시간에 따른 공간 인지 능력을 기를 수 있으며, 다양한 리듬의 박자와 '그루브 (Groove)' 를 터득할 수 있습니다.

4. 메트로놈을 사용해서 훈련하기 때문에 정확한 템포에 맞춰 연주할 수 있는 능력을 키울 수 있습니다.

5. 필자가 직접 작곡, 제작한 다양한 스타일의 그루브 음원을 활용하여 연습하기 때문에 단순히 리듬 악보를 읽는 능력을 키울 뿐만 아니라, 특정 장르의 음악을 접해보지 못한 사람이라도 팝(Pop), 록(Rock), 스윙재즈(Swing Jazz), 라틴(Latin) 등 다양한 리듬의 그루브 감각을 빠른 시간 내에 습득할 수 있습니다.

6. 지나치게 이론 위주의 내용이 아닌 실제 음악 활동을 하는 데 꼭 필요한 내용만을 다루기 때문에 부담없이 즐겁게 리듬과 그루브 트레이닝을 마스터할 수 있습니다.

02 음표와 쉼표의 이해

음악은 크게 '소리(Sound)' 와 '침묵(Silence)' 으로 구성됩니다. 이때 '소리' 는 음표(Notes)를 사용하여 음의 높낮이와 길이를 표시하고, '침묵' 은 쉼표(Rest Notes)를 사용하여 음의 길이만을 표시합니다. 이 책은 리듬을 훈련하는 것이 목적이므로 음의 높낮이는 배제하고 음의 길이만을 다루겠습니다. 쉽게 말해 이 책에서의 음표와 쉼표는 음을 얼마나 길거나 짧게 연주하는지, 또는 연주하지 않고 쉬는지에 대한 표기법입니다. 이때 주의할 것은 각 음표가 길이의 값을 가지는 것처럼 각 쉼표도 길이의 값을 갖는다는 것입니다. 음표는 당연히 각 음표의 길이만큼 연주해야 한다는 것을 알지만 간혹 쉼표는 그 쉼표의 길잇값보다는 무작정 '연주하지 않는다' 라고 오해하는 경우가 있습니다. 다양한 음표만큼 다양한 쉼표가 존재하며 음표든 쉼표든 연주하느냐, 연주하지 않느냐의 차이만 있을 뿐 각각의 길잇값을 가집니다.

음표와 쉼표

음표	명칭	쉼표	명칭	♩ 가 한 박일 때의 길잇값
𝅝	온음표 (Whole Note)	▬	온쉼표 (Whole Rest)	♩ + ♩ + ♩ + ♩ = 4박
𝅗𝅥	2분음표 (Half Note)	▬	2분쉼표 (Half Rest)	♩ + ♩ = 2박
♩	4분음표 (Quarter Note)	𝄽	4분쉼표 (Quarter Rest)	♩ = 1박
♪	8분음표 (Eighth Note)	𝄾	8분쉼표 (Eighth Rest)	1/2박
♬	16분음표 (Sixteenth Note)	𝄿	16분쉼표 (Sixteenth Rest)	1/4박
𝅘𝅥𝅲	32분음표 (Thirty-Second Note)	𝅀	32분쉼표 (Thirty-Second Rest)	1/8박

1. 온음표(Whole Note)와 온쉼표(Whole Rest) 

한 마디 전체를 연주하거나 쉴 경우에 사용합니다. 온음표와 온쉼표는 말 그대로 '전체의' , '온전한' , '모든' 의 의미를 갖습니다. 예를 들어 4분의 4박자(♩)는 '한 마디 안에 4분음표가 네 개 들어 있다' 는 것을 의미하는데, 온음표나 온쉼표 하나만으로도 한 마디의 길이가 채워집니다. 때론 ♩박자는 'ℂ' 로도 표기하는데, ♩박자의 곡이 가장 많고 일반적이기 때문에 '커먼 타임(Common Time)' 이라는 용어의 앞글자 'ℂ' 를 사용한 것입니다. 즉, '♩ = ℂ' 로 같은 박자를 뜻합니다.

① 한 마디를 4분음표 네 개로 연주하는 전형적인 ♩박자의 패턴

② 한 마디를 온음표 한 개로 연주하는 형태

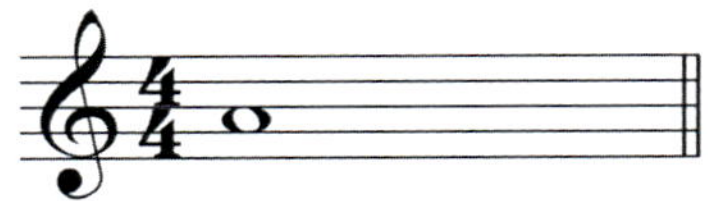

③ 한 마디를 온쉼표 한 개로 연주를 쉬는 형태

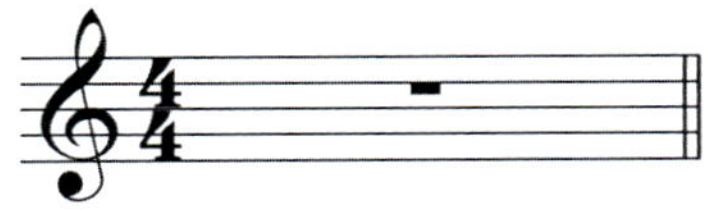

2. 2분음표(Half Note)와 2분쉼표(Half Rest) 

두 박자를 연주하거나 쉴 경우에 사용합니다. 'Half' , 즉 반으로 나뉘었다는 의미를 갖습니다. 당연히 온음표나 온쉼표를 반으로 나누었다는 의미겠죠? '2분' 이라는 말은 두 개로 균등하게 분할했다는 뜻입니다. 처음 음표나 쉼표를 배울 때 혼동이 생기는 이유가 2분, 4분, 8분, 16분 등 숫자가 점점 커지는 것과는 반대로 음의 길이가 줄어드는 특성 때문입니다. 하지만 온음표나 온쉼표를 기준으로 반으로 나누면 2분음표, 2분쉼표가 되고, 4등분 하면 4분음표, 4분쉼표가 된다고 생각하면 이해하기 쉬울 것입니다. 이때, 등분의 기준은 온음표와 온쉼표라는 사실을 꼭 기억하길 바랍니다.

① 한 마디를 온음표 한 개로 연주하는 형태

② 한 마디를 2분음표 두 개로 연주하는 형태

③ 한 마디를 온쉼표 한 개로 연주를 쉬는 형태

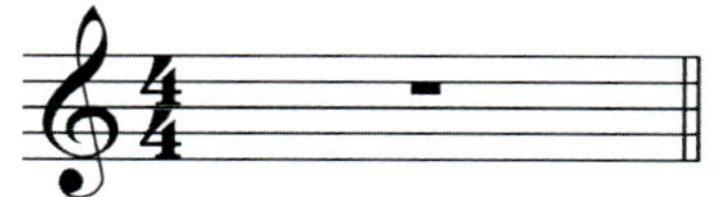

④ 한 마디를 2분쉼표 두 개로 연주를 쉬는 형태

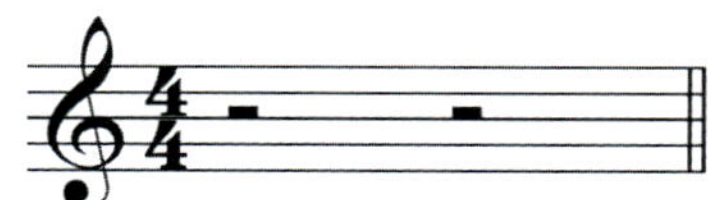

위 ①의 온음표를 반으로 나누면 ②처럼 두 개의 2분음표가 되고, 두 악보는 전체적으로 같은 길잇값을 가집니다. 즉, 온음표 한 개는 2분음표 두 개와 같은 길이이며, 쉼표의 경우도 마찬가지로 온쉼표 한 개는 2분쉼표 두 개를 합한 길이와 같습니다.

3. 4분음표(Quarter Note)와 4분쉼표(Quarter Rest)

한 박자를 연주하거나 쉴 경우에 사용합니다. 온음표나 온쉼표를 네 개로, 2분음표나 2분쉼표를 두 개로 나눈 길잇값을 가집니다.

① 한 마디를 온음표 한 개로 연주하는 형태

② 한 마디를 4분음표 네 개로 연주하는 형태

③ 한 마디를 온쉼표 한 개로 연주를 쉬는 형태

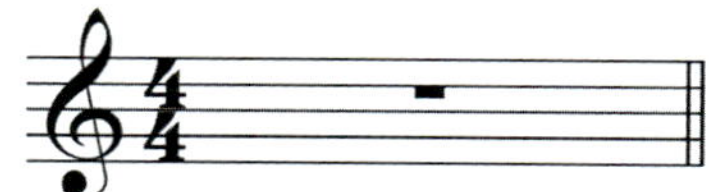

④ 한 마디를 4분쉼표 네 개로 연주를 쉬는 형태

위 ①의 온음표를 네 개로 나누면 ②처럼 네 개의 4분음표가 되고, 두 악보는 전체적으로 같은 길잇값을 가집니다. 즉, 온음표 한 개는 4분음표 네 개와 같은 길이이며, 쉼표의 경우도 마찬가지로 온쉼표 한 개는 4분쉼표 네 개를 합한 길이와 같습니다.

4. 8분음표(8th Note)와 8분쉼표(8th Rest)

반 박자를 연주하거나 쉴 경우에 사용합니다. 온음표나 온쉼표를 8개로, 2분음표나 2분쉼표를 네 개로, 4 분음표나 4분쉼표를 두 개로 나눈 길잇값을 가집니다. 한 박자(4분음표)를 두 개로 나누었다고 해서 '2연음' 이라고도 합니다.

① 한 마디를 온음표 한 개로 연주하는 형태

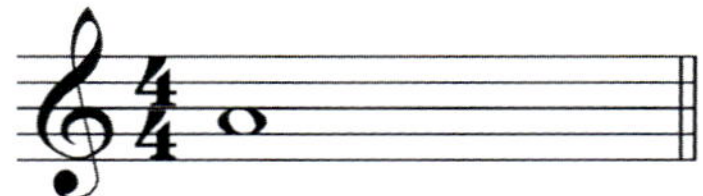

② 한 마디를 8분음표 8개로 연주하는 형태

③ 한 마디를 온쉼표 한 개로 연주를 쉬는 형태

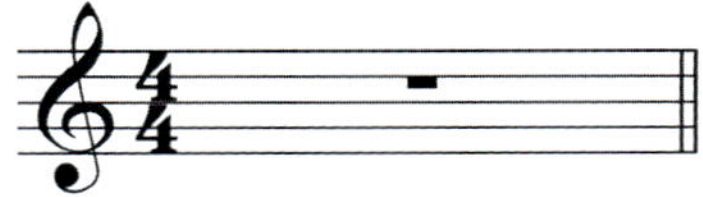

④ 한 마디를 8분쉼표 8개로 연주를 쉬는 형태

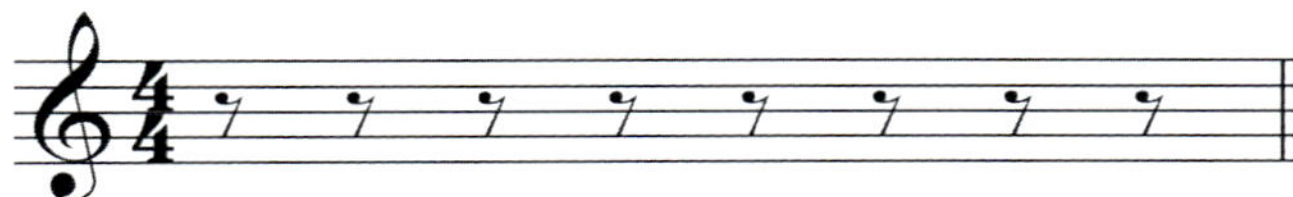

위 ①의 온음표를 8개로 나누면 ②처럼 8개의 8분음표가 되고, 두 악보는 전체적으로 같은 길잇값을 가집니다. 즉, 온음표 한 개는 8분음표 8개와 같은 길이이며, 쉼표의 경우도 마찬가지로 온쉼표 한 개는 8분쉼표 8개를 합한 길이와 같습니다. 기본 박 단위로 연속되는 8분음표들은 꼬리(Beam)를 묶어서 그려줍니다. 이것을 '그룹핑 (Grouping)' 이라고 하며 악보를 시각적으로 보기 쉽게 도움을 줍니다.

5. 16분음표(16th Note)와 16분쉼표(16th Rest)

반의반 박자(여기서 한 박은 4분음표 기준)를 연주하거나 쉴 경우에 사용합니다. 온음표나 온쉼표를 16개로, 2분음표나 2분쉼표를 8개로, 4분음표나 4분쉼표를 네 개로 나눈 길잇값을 가집니다. 한 박자(4분음표)를 네 개로 나누었다고 해서 '4연음' 이라고도 합니다.

① 한 마디를 온음표 한 개로 연주하는 형태

② 한 마디를 16분음표 16개로 연주하는 형태

③ 한 마디를 온쉼표 한 개로 연주를 쉬는 형태

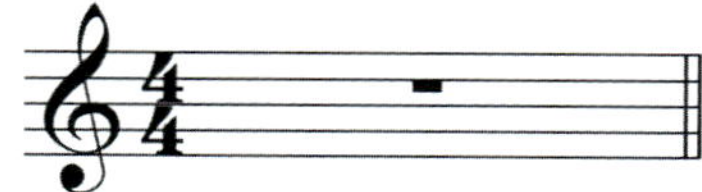

④ 한 마디를 16분쉼표 16개로 연주를 쉬는 형태

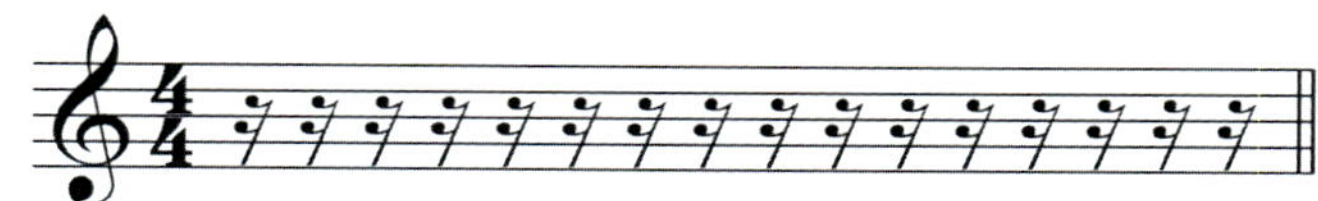

위 ①의 온음표를 16개로 나누면 ②처럼 16개의 16분음표가 되고, 두 악보는 전체적으로 같은 길잇값을 가집니다. 즉, 온음표 한 개는 16분음표 16개와 같은 길이이며, 쉼표의 경우도 마찬가지로 온쉼표 한 개는 16분쉼표 16개를 합한 길이와 같습니다. 8분음표와 마찬가지로 기본 박 단위로 연속되는 16분음표들은 보기 쉽게 꼬리를 묶어서 그려줍니다.

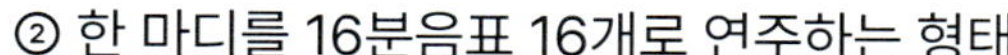

또한, 8분음표와 16분음표의 꼬리도 아래와 같이 묶어줄 수 있습니다.

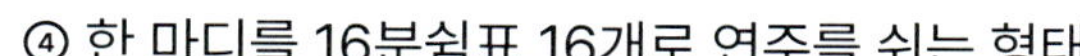

*이 책에서는 16분음표, 16분쉼표를 2등분한 32분음표와 32분쉼표는 다루지 않습니다.

6. 점음표(Dotted Note)와 점쉼표(Dotted Rest)

음표나 쉼표의 오른쪽에 점(Dot)이 붙은 것을 '점음표(Dotted Note)', '점쉼표(Dotted Rest)' 라고 합니다. 2분음표에 점이 붙으면 점2분음표, 4분음표에 점이 붙으면 점4분음표라고 부르며 쉼표도 같은 방식으로 읽어줍니다. 음표 옆에 붙은 점은, 앞의 음표나 쉼표의 1/2에 해당하는 길잇값을 가집니다. 예를 들어 점4분음표에 붙은 점은 4분음표의 1/2인 8분음표 길이이고, 마찬가지로 점8분쉼표에 붙은 점은 8분쉼표의 1/2인 16분쉼표의 길이입니다. 즉, 점의 길이만큼 더 연주하거나 쉬라는 뜻입니다.

점2분음표 =
2분음표 + 4분음표: 앞의 2분음표의 1/2

점4분음표 =
4분음표 + 8분음표: 앞의 4분음표의 1/2

점8분쉼표 =
8분쉼표 + 16분쉼표: 앞의 8분쉼표의 1/2

음표나 쉼표의 오른쪽에 점(Dot)이 두 개가 붙은 것을 '겹점음표(Double Dotted Note)' 또는 '겹점쉼표(Double Dotted Rest)' 라고 하며, 두 번째 점은 바로 앞에 위치한 점의 1/2 길이만큼 더 연주하거나 쉬라는 뜻입니다.

겹점2분음표 =
2분음표 + 4분음표: 앞의 2분음표의 1/2 + 8분음표: 앞의 4분음표의 1/2

겹점4분음표 =
4분음표 + 8분음표: 앞의 4분음표의 1/2 + 16분음표: 앞의 8분음표의 1/2

겹점4분쉼표 =
4분쉼표 + 8분쉼표: 앞의 4분 쉼표의 1/2 + 16분쉼표: 앞의 8분쉼표의 1/2

점음표와 점쉼표

점음표	명칭	길이	점쉼표	명칭	길이
𝅝·	점온음표	𝅝 + 𝅗𝅥	━·	점온쉼표	━ + ▬
𝅗𝅥·	점2분음표	𝅗𝅥 + ♩	▬·	점2분쉼표	▬ + 𝄽
♩·	점4분음표	♩ + ♪	𝄽	점4분쉼표	𝄽 + 𝄾
♪·	점8분음표	♪ + ♬	𝄾	점8분쉼표	𝄾 + 𝄿
♬·	점16분음표	♬ + ♬	𝄿	점16분쉼표	𝄿 + 𝅀

7. 잇단음표(Tuplets) 

일반적으로 음표를 분할할 때는 균등하게 2등분 하는 것이 원칙이지만, 기본 박자표를 벗어나 리듬을 강조하거나 변화를 주고 싶을 때 예외적으로 3등분, 5등분, 7등분 등을 할 수 있습니다. 이것을 '잇단음표(Tuplets)' 라고 하며, 3연음을 '셋잇단음표(Triplet)' , 5연음을 '다섯잇단음표(Quintuplet)' , 7연음을 '일곱잇단음표(Septuplet)' 로 표기합니다. 잇단음표는 음표의 위에 숫자나 연결선(브래킷, bracket, ┌─3─┐)을 사용하여 표기해줍니다. 3연음인 셋잇단음표는 8분음표 세 개로 표기하며, 5연음인 다섯잇단음표부터 7연음인 일곱잇단음표까지는 16분음표로, 9연음부터는 32분음표로 표기합니다. 아래 그림을 보면 🎵박자의 한 박자를 3연음, 5연음, 6연음, 7연음, 9연음과 같이 의도적으로 분할한 것을 볼 수 있습니다. ①~④는 모두 같은 길잇값을 가집니다. 다만 ③의 경우 한 박자를 세 개로 나눈 것이 아닌, 예외적으로 두 박자를 세 개로 나눈 2박3연음이며, 2분음표처럼 음표에 꼬리(Beam)가 없는 경우에는 음표 위에 브래킷을 그려주고 숫자를 표기합니다.

① 4/4 박자

② 4분음표 한 박자를 3연음인 셋잇단음표로 분할

③ 4분음표 두 박자를 3연음인 셋잇단음표로 분할 (2박3연음)

④ 4분음표 한 박자를 5, 6, 7, 9연음인 잇단음표로 분할

03 템포, 박자, 리듬의 이해

1. 템포(Tempo)

펄스(Pulse)란 마치 심장이 뛸 때 발생하는 맥박처럼, 짧은 시간에 생기는 진동현상을 말합니다. 음악에도 이러한 규칙적인 진동, 즉 펄스가 있습니다. 맥박이 세게, 혹은 약하게 진동하는 것을 음악에 비유한다면 흔히 악센트(Accent)라고 하는 강, 약의 형태와 같습니다. 또한 진동이 빨라지거나, 느려진다면 속도가 바뀌게 되는데 이것을 음악에서는 속도, 곧 '템포(Tempo)' 가 '빨라졌다' , 혹은 '느려졌다' 라고 표현합니다.

이러한 템포에 대해 객관적인 기준을 정하기 위해 메트로놈(Metronome)이란 장치가 개발되었습니다. 템포는 'BPM' 이라고도 표기하는데, 이것은 'Beats Per Minute' 의 약자로, 소리가 분당 몇 번 나는지에 대한 표기입니다. 예를 들어 악보에 'BPM ♩ = 60' 이라는 표기가 있다면, 분당 60번을 소리 내는 속도로 연주하라는 뜻입니다. 만약 '♩=120' 이라고 표기되어있다면, 분당 60번의 두 배인 120번을 소리 내야 하므로 연주 속도는 두 배로 빨라집니다.

우리가 흔히 노래를 부르거나 연주를 할 때 박자(Meter)가 '빨라진다' 혹은 '느려진다' 라고 표현하는 경우가 많습니다. 그렇지만 이것은 엄밀히 말하면 정확한 표현이 아닙니다. 박자를 영어로 '미터(Meter)' 라고 하는데, 미터는 거리나 길이의 단위이지 속도의 단위가 아니기 때문입니다. 정확한 표현은 '템포(Tempo)' 가 '빨라진다' , '느려진다' , 또는 '박(Beat)' 이나 '리듬(Rhythm)' 이 '틀리다' 라고 표현하는 것이 맞습니다.

2. 박자(Meter/ Time Signatures)

'박자' , '리듬' 같은 단어들은 우리가 평소에 흔히 사용하는 용어지만 막상 정의를 내리려고 하면 구체적으로 설명하기 어려울 때가 종종 있습니다.

박자는 일정한 수의 '박(拍)' 이 모여서 음악적인 시간을 구성하는 기본 단위를 말하며, 음표와 쉼표를 사용하여 표현해줍니다. 예를 들어 시간을 계산하는 최소 단위가 '초' 라면 음악적 시간을 계산하는 최소 단위는 '박' 입니다. 이때 '박(拍)' 이란 '손뼉 치다' , '손으로 두드리다' 라는 의미를 가진 한자어입니다. 이처럼 박자는 '강-약' 이 반복되는 2박자나 '강-약-약' 이 반복되는 3박자처럼, 강박과 약박이 규칙적으로 반복되면서 만들어진 리듬의 기본 단위를 말하며, 이런 '강-약' 의 패턴에 의해 박자가 정해집니다. 만약 시계의 초침처럼 강하고 약한 셈여림의 변화가 없는 무미건조한 '박(拍)' 의 반복이라면 굳이 '음악적' 이라는 표현을 사용하지 않겠죠?

박자를 표기할 때는 분수 기호를 사용합니다. 분모는 단위가 되는 음표의 종류를 구분해주고, 분자는 한마디 안에 들어갈 음표의 개수를 나타냅니다. 그리고 읽을 때는 분모부터 읽은 후 분자를 읽어주는데, 예를 들어 $\frac{3}{4}$박자는 '4분의 3박자' 라고 읽으며, 한 마디 안에 4분음표(분모)가 3개(분자) 있다는 뜻입니다. 이때 주의할 것은 영어로는 $\frac{3}{4}$박자를 'Three-Four Time' 으로 표시하며 우리말과는 다르게 분자부터 적어주고 읽어줍니다. 박자는 한 마디를 구성하는 박의 셈여림 패턴과 음표의 종류에 따라 2, 3, 4박자 계열의 '홑박자(Simple Meter)' , 6, 9, 12박자 계열의 '겹박자(Compound Meter)' , 그리고 5, 7, 8박자 계열의 '혼합박자(Composite Meter)' 로 구분합니다.

3. 박자의 종류

(1) 홑박자(Simple Meter)와 겹박자(Compound Meter)

앞에서 설명한 대로 박의 셈여림 패턴과 음표의 종류에 따라 홑박자, 겹박자, 혼합박자 등으로 나뉩니다. 하지만 이건 어디까지나 고전음악(클래식)에서 주로 사용하는 개념으로 절대적인 것은 아닙니다. 실제로 이 개념만으론 다양한 현대음악의 박자와 리듬, 그루브를 설명하기에는 한계가 있습니다. 여기에선 이해를 돕기 위한 기본적인 내용만 간단하게 설명하겠습니다.

① 홑박자(Simple Meter)

박자의 기본박이 자연적으로 2등분이 되는 경우를 말합니다. 기본박이 '♩, ♪, ♪' 와 같은 민음표로 구성됩니다. 한 마디 안에 들어가는 박자의 수에 따라 홑2박자, 홑3박자, 홑4박자로 나누어집니다.

② 겹박자(Compound Meter)

박자의 기본박이 자연적으로 3등분이 되는 경우를 말합니다. 기본박이 '♩., ♪., ♪.' 와 같은 점음표로 구성됩니다. 한 마디 안에 들어가는 박자의 수에 따라 겹2박자, 겹3박자, 겹4박자로 나누어집니다.

③ 음표의 그룹핑(Grouping)에 따른 강약 패턴의 변화

예를 들어 8분음표 여섯 개가 이와 같이 '♪♪♪♪♪♪' 나열되어있다고 가정할 때,
'♩' 가 한 박이 되는 3박자 계열로 분할을 하면, $\frac{3}{4}$박자의 홑3박자로 그룹핑이 되어
'♩ + ♩ + ♩ = ♫ + ♫ + ♫' 의 패턴이 됩니다.
 1   2   3 1(강) 2(약) 3(약)

하지만 '♩.' 가 한 박이 되는 2박자 계열로 분할을 하면, $\frac{6}{8}$박자의 겹2박자로 그룹핑이 되어

'♩. + ♩. = ♫♪ + ♫♪' 처럼 전혀 다른 강약의 패턴이 됩니다.

  1   2   1(강)   2(약)

홑박자와 겹박자

	박자의 종류	한 마디 안의 박 수	기본박의 분할	박자의 강세(예)
홑2박자	$\frac{2}{2}, \frac{2}{4}, \frac{2}{8}$	2	2	$\frac{2}{4}$ ♫♫ = (♩ ♩) 1(강) 2(약)
홑3박자	$\frac{3}{2}, \frac{3}{4}, \frac{3}{8}$	3	2	$\frac{3}{4}$ ♫♫♫ = (♩ ♩ ♩) 1(강) 2(약) 3(약)
홑4박자	$\frac{4}{2}, \frac{4}{4}, \frac{4}{8}$	4	2	$\frac{4}{4}$ ♫♫♫♫ = (♩ ♩ ♩ ♩) 1(강) 2(약) 3(중강) 4(약)
겹2박자	$\frac{6}{4}, \frac{6}{8}, \frac{6}{16}$	2	3	$\frac{6}{8}$ ♪♪♪ ♪♪♪ = (♩. ♩.) 1(강) 2(약)
겹3박자	$\frac{9}{4}, \frac{9}{8}, \frac{9}{16}$	3	3	$\frac{9}{8}$ ♪♪♪ ♪♪♪ ♪♪♪ = (♩. ♩. ♩.) 1(강) 2(약) 3(약)
겹4박자	$\frac{12}{4}, \frac{12}{8}, \frac{12}{16}$	4	3	$\frac{12}{8}$ ♪♪♪ ♪♪♪ ♪♪♪ ♪♪♪ = (♩. ♩. ♩. ♩.) 1(강) 2(약) 3(중강) 4(약)

(2) 혼합박자(Odd Time/ Mixed Meter)

혼합박자, 복합박자, 섞임박자라고 하며, 일반적인 2박자, 3박자, 4박자 중 두 개 이상의 홑박자가 혼합된 형태를 뜻합니다. 흔히 5박자나 7박자가 기본적인 형태로 많이 사용됩니다. 예를 들어 5박자는 '2+3' , 또는 강약 패턴에 따라 '3+2' 의 형태로, 7박자는 '3+4' , 또는 '4+3' 의 형태로 연주해줍니다.

$$\frac{5}{4} = \frac{2}{4} + \frac{3}{4} \quad 또는 \quad \frac{5}{4} = \frac{3}{4} + \frac{2}{4}$$

$$\frac{7}{4} = \frac{3}{4} + \frac{4}{4} \quad 또는 \quad \frac{7}{4} = \frac{4}{4} + \frac{3}{4}$$

친숙한 $\frac{5}{4}$ 의 대표적인 곡으로는 색소폰 연주자 '폴 데스몬드(Paul Desmond)' 의 <Take Five>가 있습니다. <Take Five>는 $\frac{5}{4} = \frac{3}{4} + \frac{2}{4}$ 즉 5박자(3박+2박)의 기본 형태를 갖습니다.

(3) 변박자(Odd Meter/ Changing Meter)

한 악곡 안에서 처음 제시된 박자를 끝까지 사용하지 않고 한 마디, 또는 여러 마디 형태의 박자가 자주, 지속해서 바뀌는 것을 말합니다. 박자가 바뀌면 그 시점부터 새롭게 바뀐 박자를 표기하는 것이 원칙이며, 이때 '겹세로줄' 을 사용해서 바뀐 박자표를 쉽게 알아볼 수 있도록 합니다.

4. 리듬(Rhythm)

리듬은 '흐른다'라는 뜻을 가진 동사 'Rhein' 을 어원으로 하는 그리스어 'Rhythmos' 에서 유래한 말입니다. 흔히 '오늘 신체 리듬이 안 좋다' 와 같은 표현에서의 신체적 상태를 의미하기도 하고, 춤을 추거나 연주를 할 때도 '리듬감이 있다, 없다' 등 일상생활에서 밀접하게 쓰이는 단어입니다. 어쩌면 어머니의 자궁 속에서부터 맥박 소리를 들으며 자연스럽게 리듬을 알게 되었을지도 모릅니다. 이처럼 리듬은 다양한 의미를 함축하고 있기 때문에 리듬을 한마디로 정의 내리기는 쉽지 않습니다. 하지만 어원에서도 알 수 있듯이 음악에서의 리듬은 '박자 안에서 음표와 쉼표로 표현되는, 일정한 시간적인 흐름을 가진 규칙적인 패턴' 이라고 정의할 수 있습니다. 박자가 강약이 일정하게 반복되는 자연 발생적인 시간을 뜻한다면, 리듬은 박자 안에서 길거나, 짧게 배열한 의도적이고 인위적인 시간을 뜻합니다.

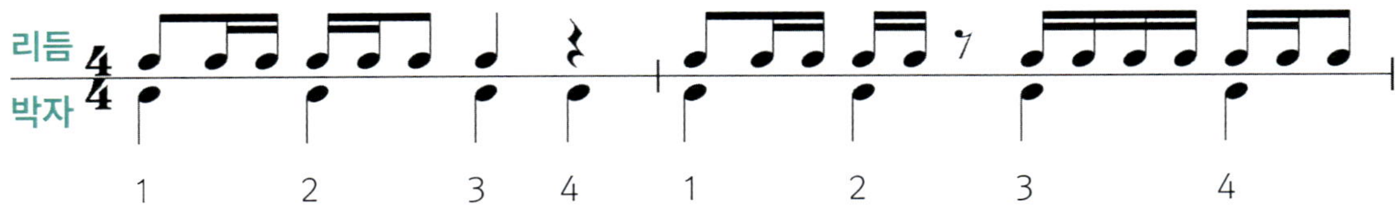

위의 악보와 같이 '박자' 는 한 마디에 4분음표가 네 개씩 일정하게 진행하지만, '리듬' 은 박자 안에서 음표와 쉼표로 이루어져, 규칙적이면서도 의도적인 패턴의 형태를 띱니다.

흔히 음악의 3요소로 멜로디, 화성, 리듬을 말합니다. 하지만 멜로디나 화성을 가지지 않는 음악은 존재하더라도, 리듬이 없는 음악은 존재할 수 없습니다. '태초에 리듬이 있었다' 는 말처럼, 리듬은 음악의 가장 근본적인 요소라고 할 수 있습니다.

04 리듬의 악센트(Accent)와 싱커페이션(Syncopation) 

특별한 경우가 아니라면 처음부터 끝까지 동일한 볼륨과 '악센트(강약 또는 강세)' 로 마치 기계처럼 연주하는 연주자는 없을 것입니다. 리듬의 악센트는 박자의 종류와 템포에 따라 일치하거나 어긋나게 되며, 이런 과정을 통해 리듬은 단순한 기계음의 반복이 아닌, 강하거나 부드러운 음악적인 악센트를 갖습니다.

1. 전통적인 관점에서 본 박자에 따른 악센트

클래식과 같은 장르에서 $\frac{4}{4}$ 박자는 '강-약-중강-약' 과 같은 방식으로 박자에 따른 악센트가 이미 정해져 있습니다. 하지만 다양한 리듬이 존재하는 현대 음악에서 전통적인 박자와 리듬의 악센트만 적용해서 음악을 이해하고 표현하기에는 현실적인 한계가 있습니다. 이런 이유 때문에 이 책에서는 악센트에 대해서 특별하게 다루지 않았습니다. 음악은 머리로 이해하는 과정이 분명 필요하지만, 몸으로만 느끼고 이해할 수 있는 부분이 있으며, 특정 음악 장르의 리듬 그루브를 따라 해보는 과정에서 그 장르만이 가지고 있는 악센트를 느낄 수 있다는 필자의 생각 때문입니다. 부록의 '그루브' 음원으로 연습해 보면 쉽게 이해할 수 있을 것입니다. 이 책에서는 리듬에 대한 전반적인 것들을 다루므로, 이 장에서는 전통적인 관점에서 본 박자의 악센트가 어떤 것인지 간단하게 언급하고 넘어가도록 하겠습니다.

① $\frac{2}{4}$ 박자

② $\frac{3}{4}$ 박자

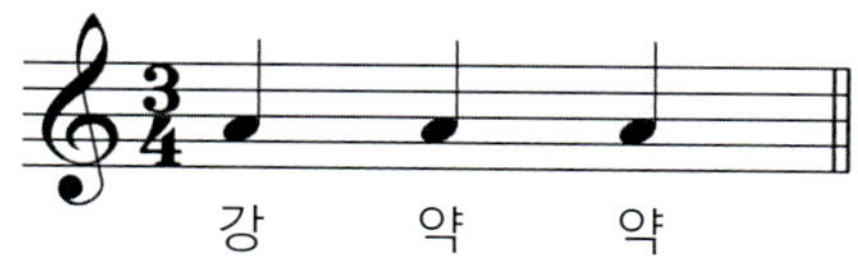

② ⁴⁄₄박자

2. 싱커페이션(Syncopation : 당김음)

(1) 강박(Down Beat)과 약박(Up Beat)

싱커페이션의 이해를 돕기 위해서는 '강박' 과 '약박' 에 대한 개념을 정리할 필요가 있습니다. 싱커페이션에서의 강박과 약박은 셈여림을 뜻하는 전통적인 악센트의 개념보다는, 강박은 카운트하는 박인 '다운비트(Down Beat)' , 약박은 카운트를 하지 않는 '업비트(Up Beat)' 로 이해해야 합니다. 또한, '다운비트(Down Beat)' 는 '온비트(On Beat)' , '업비트(Up Beat)' 는 '오프비트(Off Beat)' 라고도 칭하며, 같은 리듬이라도 곡의 템포에 따라 강박과 약박은 달라지기도 합니다. 위의 ③번 ⁴⁄₄박자 악보를 예로 들면 마디의 강박인 다운비트(Down Beat)는 1박이고, 그다음으로 3박이 강한 박입니다. 2박과 4박은 약박인 업비트(Up Beat)가 됩니다.

(2) 연음부에 따른 박자의 악센트(강약)

① 2연음(8분음표)

4분음표 한 박을 둘로 나눈 8분음표 2연음의 경우 1, 2, 3, 4와 같은 숫자들은 강박, 즉 다운비트(Down Beat)이고, '+' 로 표시된 음들이 약박인 업비트(Up Beat)입니다.

② 3연음(셋잇단음표)

4분음표 한 박을 셋으로 나눈 셋잇단음표 3연음의 경우 1, 2, 3, 4와 같은 숫자들은 강박, 즉 다운비트(Down Beat)이고, '+' 와 알파벳 'a' 로 표시된 음들이 약박인 업비트(Up Beat)입니다.

③ 4연음(16분음표)

4분음표 한 박을 넷으로 나눈 16분음표 4연음의 경우 1, 2, 3, 4와 같은 숫자들과 '+' 는 강박, 즉 다운비트(Down Beat)이고, 알파벳 'e' 와 'a' 로 표시된 음들이 약박인 업비트(Up Beat)입니다.

(3) 싱커페이션의 정의와 종류

싱커페이션은 흔히 당김음이라고 하며, 업비트(Up Beat)인 약박에 위치한 음이 다운비트(Down Beat)인 강박으로 바뀌는 것을 말합니다. 약박의 음이 다음 마디의 강박과 '타이(tie: 붙임줄)' 로 이어지거나, 강박에 쉼표가 붙을 때, 또는 약박에 악센트가 붙을 때 싱커페이션이 만들어집니다. 같은 마디 안에서나 두 마디에 걸쳐서 생기기도 합니다. 싱커페이션을 종종 당김음으로만 설명하는데, 실제로는 앞으로 당긴 '선행음' , '앤티서페이션(Anticipation)' 과 뒤로 밀린 '후행음' , '딜레이드 어택(Delayed Attack)' 으로 구분합니다. 싱커페이션은 특히 현대 음악에서 리듬의 가장 중요한 요소 중 하나이며, 싱커페이션을 얼마나 자유자재로 다룰 수 있느냐에 따라 싱어나 연주자의 리듬감이 평가되기도 합니다.

① 선행음/앤티서페이션(Anticipation)

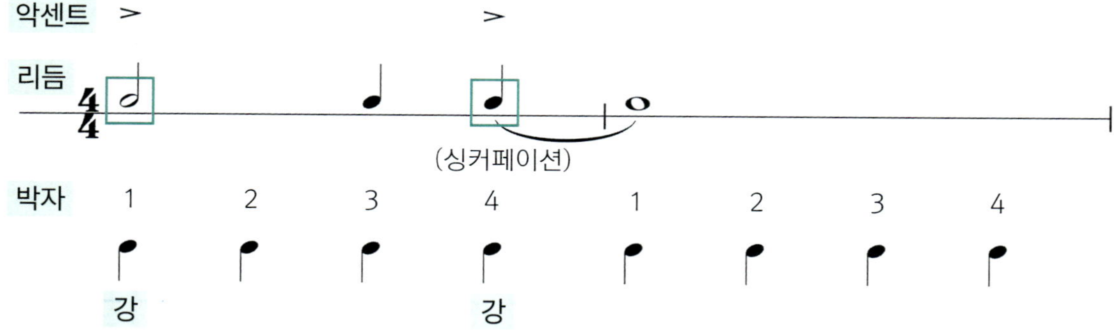

위의 그림을 보면 첫 번째 마디의 1박은 강박(Down Beat)이고 4박은 약박(Up Beat)이어야 하지만, 원래 강박이었던 두 번째 마디의 1박의 악센트가 앞으로 당겨지고 타이(Tie)로 연결되면서 약박이었던 첫 번째 마디의 4박이 강박으로 바뀐 것을 알 수 있습니다.

① **후행음/ 딜레이드 어택**(Delayed Attack)

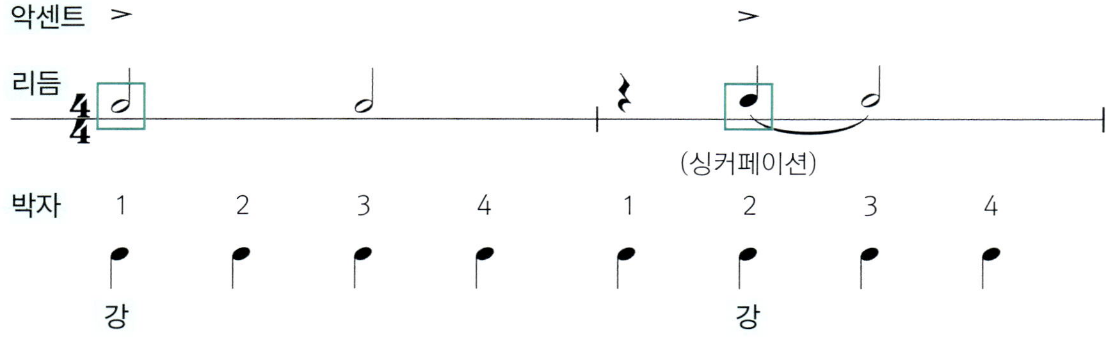

위의 그림을 보면 두 번째 마디의 1박인 강박에 쉼표가 붙어 약박이 되고, 2박과 3, 4박이 타이(Tie)로 연결되면서 원래 강박이었던 1박의 악센트가 뒤로 밀려 약박이었던 2박이 강박으로 바뀐 것을 알 수 있습니다.

이처럼 싱커페이션은 일반적으로 예상하던 강박과 약박의 위치를 바꿔줌으로써 예상하지 못했던 긴장감과 역동적인 리듬감을 주는 효과가 있습니다.

① **후행음/ 딜레이드 어택**(Delayed Attack)

05 마디와 반복기호

1. 마디(Measure/ Bar)

마디는 영어로 'Measure' 또는 'Bar' 라고 하며, '소절(小節)' 이라고도 합니다. 악곡의 가장 작은 단위이고 세로줄로 구분하여 표기합니다. 마디는 왼쪽부터 오른쪽으로 읽거나 연주하며, 마디의 구분은 곡의 상단에 위치한 박자표에 의해서 정해집니다. 예를 들어 $\frac{3}{4}$박자는 한 마디 안의 음표 및 쉼표의 합계가 4분음표 세 개의 길잇값을 갖는다는 의미입니다. 그러므로 각 마디의 시간적 길이는 모두 같습니다. 마디는 크게 박자표의 박수(拍數)를 모두 갖춘 '갖춘마디(Complete Bar)' 와 '못갖춘마디(Incomplete Bar)' 로 나뉘는데, 악곡의 첫 마디가 정해진 박수를 못 채우는 여린박으로 시작하는 경우(여린내기)를 '못갖춘마디' 라고 합니다. 하지만 대부분은 '못갖춘마디' 도 악곡의 마지막 마디와 합해서 완전한 박수를 가진 '갖춘마디' 가 됩니다. 즉 못갖춘마디로 시작하는 악곡의 마지막 마디는 시작 마디의 음표의 길이만큼 짧습니다. '갖춘마디' 는 다른 말로 '완전소절(完全小節)' , '못갖춘마디' 는 '불완전소절(不完全小節)' 이라고도 합니다.

① 갖춘마디(Complete Bar)

② 못갖춘마디(Incomplete Bar)

또한, 마디는 쓰임새에 따라 세로줄(Bar Line), 겹세로줄(Double Bar Line), 그리고 마침표라고도 하는 끝세로줄(End Bar Line)로 구분됩니다. 세로줄은 보통 바로 뒤의 음표가 센 박이라는 것을 나타내주고, 겹세로줄은 박자나 조성의 변화, 특정한 단락을 표기할 때 사용합니다. 끝세로줄은 마침표의 한 종류로 곡이 끝나는 것을 의미하며 악곡의 맨 마지막 마디에 위치합니다. 이 밖에 '피네(Fine)' 와 '페르마타(Fermata)' 도 마침표로 사용합니다. 이 부분은 반복기호를 설명할 때 더 자세히 다루도록 하겠습니다.

2. 반복기호 

다양한 반복기호를 사용하는 것은 불필요한 악보의 시각적, 공간적 낭비를 줄여서 연주자가 악보를 더 쉽고 편하게 볼 수 있도록 하는 것을 목적으로 합니다.

(1) 도돌이표 (Repeat Signs)

도돌이표는 악보에서 악곡의 특정 구간을 되풀이하여 연주할 것을 지시하는 대표적인 반복기호 중 하나입니다. 도돌이표는 보통 악보의 왼쪽에 시작을 나타내는 도돌이표 '‖:' 와 악보의 오른쪽에 끝을 나타내는 도돌이표 ':‖' 가 한 쌍을 이루는 구조를 가지는데, 이와 같이 두 도돌이표 사이 '‖::‖' 에 있는 마디를 반복해줍니다. 때로는 끝을 나타내는 도돌이표 ':‖' 한 개만 사용하는 경우도 있는데 이때는 악보의 처음 마디부터 반복해줍니다.

① 한 쌍의 도돌이표가 있는 경우

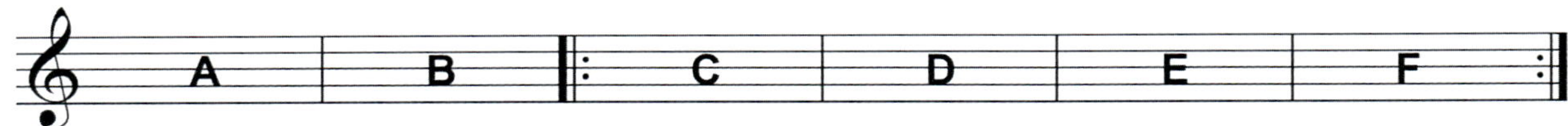

연주 순서: A-B-C-D-E-F-**C-D-E-F**

② 한 개의 도돌이표만 있는 경우

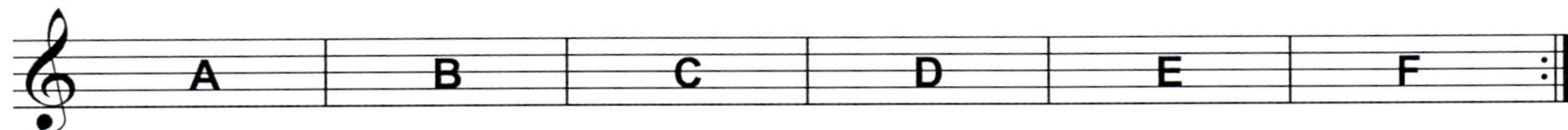

연주 순서: A-B-C-D-E-F-**A-B-C-D-E-F**

(2) 제1 마침과 제2 마침(First & Second Endings)

도돌이표를 적용해서 곡의 일부분을 반복할 때, 마디가 조금 다른 경우에는 제1 마침과 제2 마침을 사용합니다. 특히 멜로디나 화성의 진행은 거의 비슷하지만 1절과 2절의 가사가 다를 때 주로 사용합니다. 처음엔 제1 마침 '┌1.　　　┐' 을 연주하고, 도돌이표를 적용하여 반복한 후에는 제1 마침은 생략하고 제2 마침 '┌2.　　　┐' 을 연주해주면 됩니다.

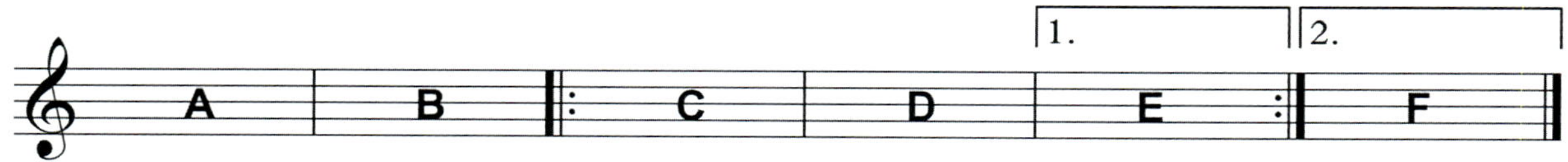

연주순서: A-B-C-D-E-**C-D-F**

(3) 달 세뇨(Dal Segno/ D.S)

달 세뇨는 줄여서 'D.S.' 라고도 하며 악보에 이 표시가 나오면 '세뇨, 𝄋 ' 가 있는 곳으로 이동한 후 그 위치에서부터 반복해줍니다. 달 세뇨는 주로 한 쌍의 '코다, ⊕ ' 와 함께 사용되는데, 세뇨 표시부터 반복을 해주다가 두 개의 코다 사이에 위치한 마디를 생략해줍니다. 이때 주의할 것은 코다 사이의 마디를 생략하는 것은 처음부터 하는 것이 아니라, 반복할 때만 적용된다는 것입니다. '달 세뇨 알 코다(D.S. al Coda)' 라고 표현하며 여기서 'al' 은 '~(으)로' 라는 뜻을 가진 방향 지시어입니다. 또한, 비슷한 표현으로 '달 세뇨 알 피네(D.S. al Fine)' 도 있는데, 마찬가지로 ' 세뇨, 𝄋 ' 가 있는 곳으로 이동한 후 거기서부터 반복해주다가 '끝' 이라는 의미를 가진 '피네(Fine)' 에서 끝내라는 표시입니다. 이때 피네를 표기하는 마디는 반드시 겹세로줄이나 끝세로줄을 사용해주도록 합니다. 피네와 비슷한 기능을 하는 표시로는 '페르마타(Fermata), ⌢ ' 가 있는데, 일반적으로 음을 끌어주는 '늘임표' 역할이지만 겹세로줄과 함께 사용할 때는 엔딩의 의미로 도 쓰입니다.

① 달 세뇨(Dal Segno/ D.S.)

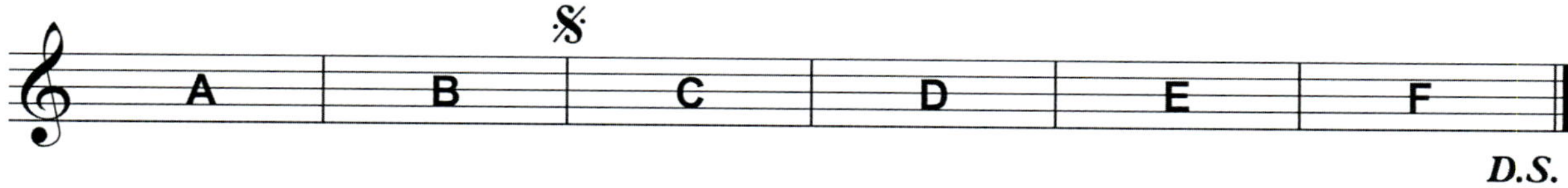

연주순서: A-B-C-D-E-F-**C-D-E-F**

② 달 세뇨 알 코다(D.S. al Coda)

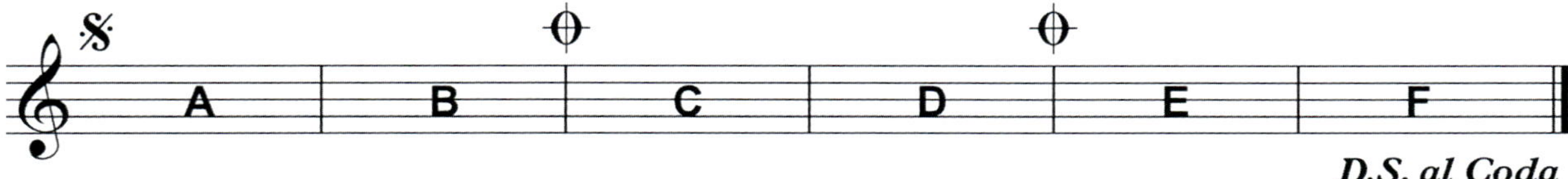

연주순서: A-B-C-D-E-F-**A-B-E-F**

③ 달 세뇨 알 피네(D.S. al Fine)

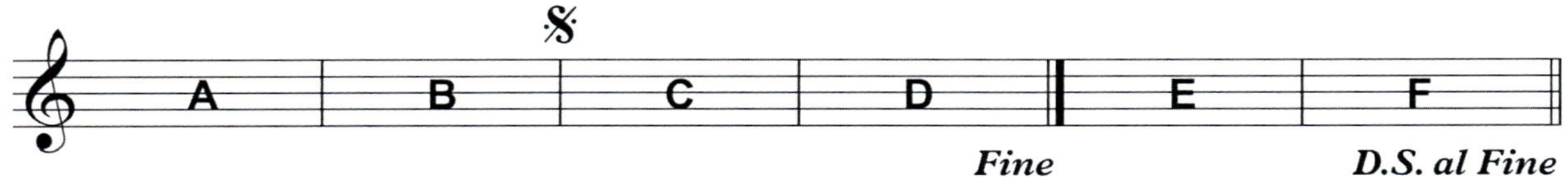

연주순서: A-B-C-D-E-F-**C-D**

④ 달 세뇨 & 페르마타(Fermata)

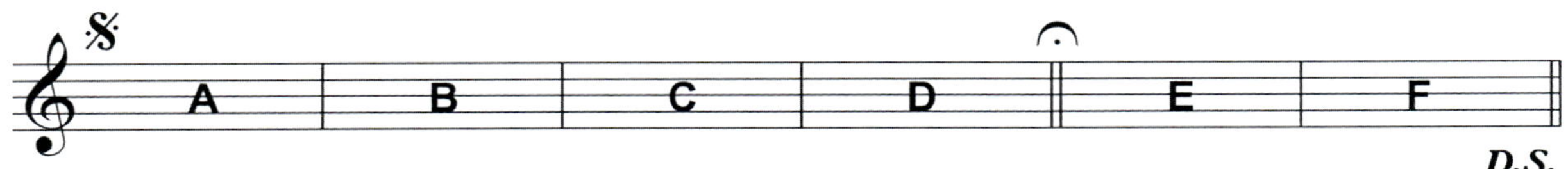

연주순서: A-B-C-D-E-F-**A-B-C-D**

(4) 다 카포(Da Capo/ D.C.)

'다 카포' 는 줄여서 'D.C.' 라고도 하며 '처음부터' 라는 의미를 가집니다. 악보에 이 표시가 나오면 악보의 맨 처음부터 반복해줍니다. 다 카포는 달 세뇨와 마찬가지로 주로 한 쌍의 '코다, ⊕' 와 함께 사용되는데, 'D.C.' 가 나오면 맨 처음부터 반복을 해주다가 두 개의 코다 사이에 위치한 마디를 생략해줍니다. 이것을 '다 카포 알 코다(D.C. al Coda)' 라고 합니다. 또한, 비슷한 표현으로 '다 카포 알 피네(D.S. al Fine)' 도 있는데, 마찬가지로 맨 처음부터 반복해주다가 '피네(Fine)' 에서 마칩니다.

① 다 카포(Da Capo)

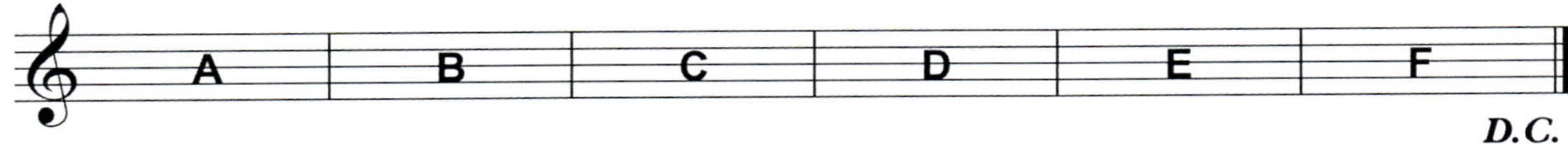

연주순서: A-B-C-D-E-F-**A-B-C-D-E-F**

② 다 카포 알 코다(Da Capo al Coda)

연주순서: A-B-C-D-E-F-**A-B-E-F**

③ 다 카포 알 피네(D.C. al Fine)

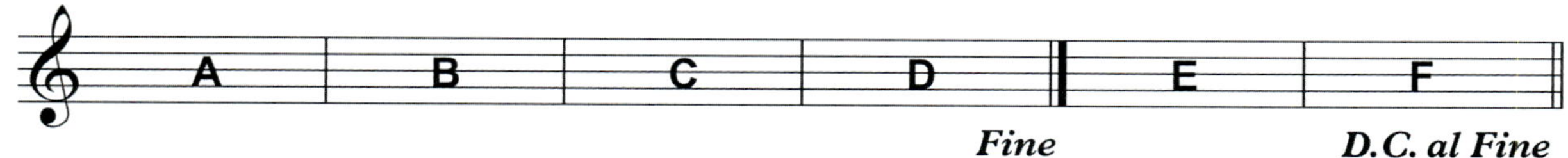

연주순서: A-B-C-D-E-F-**A-B-C-D**

④ 다양한 반복기호의 적용

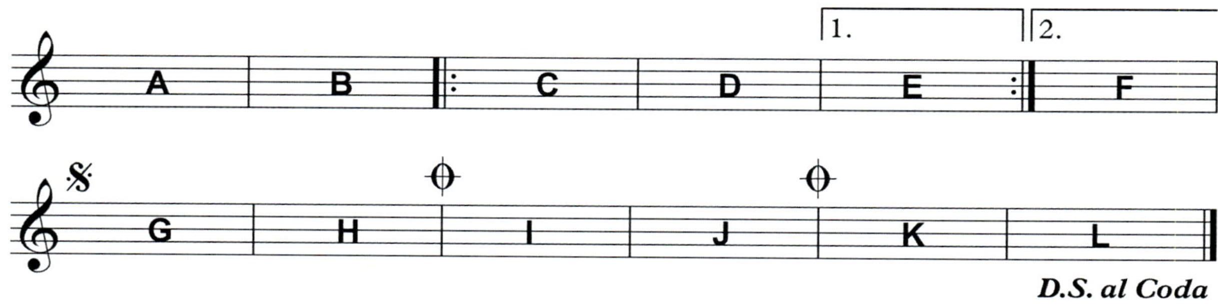

연주순서: A-B-C-D-E-**C-D**-F-G-H-I-J-K-L-**G-H-K-L**

(5) 마디의 반복

① 한 마디를 반복

똑같은 한 마디를 반복할 경우 사선이 한 개인 기호 '✕' 를 사용해줍니다.

② 두 마디를 반복

똑같은 두 마디를 반복할 경우 사선이 두 개인 기호 '  ' 를 사용해줍니다.

③ 두 마디 이상을 반복

두 마디 이상을 반복할 경우는 되도록 악보를 다 그리는 것이 좋습니다. 하지만 꼭 사용해야 한다면 숫자와 함께 표기해주도록 합니다.

06 연습 방법

1. 그루브 트레이닝을 할 때를 제외하고는 항상 메트로놈(Metronome)이나 드럼 머신(Drum Machine), 또는 시퀀서를 가지고 연습합니다. 독립적인 메트로놈을 사용해도 되고 스마트폰이나 태블릿PC, 컴퓨터에 무료로 제공되는 다양한 애플리케이션을 활용합니다.

2. 스트레이트(Straight)한 리듬을 훈련할 때는 마디의 처음이나 다른 곳에 메트로놈의 악센트를 따로 주지 않도록 합니다. 메트로놈의 악센트가 없기 때문에 박자가 중간에 바뀌어도 멈추지 않고 계속 연습할 수 있는 장점이 있습니다.

3. 연습 시 어떠한 템포에 맞추어 하든 관계없지만 리듬시창을 처음 하는 초보자라면 느린 템포로 시작해서 점점 빠른 템포로 이동하는 것이 좋습니다. 단순히 빠르게 연습하는 것보다는 정확하게 연습하는 것이 더 중요합니다. 이 책에 수록된 예제의 메트로놈 템포는 80BPM으로 녹음되었습니다. 만약 음원이 아닌 메트로놈을 사용해서 연습한다면 항상 한, 두 마디의 예비 마디를 둬서 연주할 악보의 대략적인 템포를 카운트하고 시작하도록 합니다. 이 책의 예제들은 음원의 길이가 길어지는 것을 방지하여 한 마디의 예비 마디만 녹음되어 있습니다. 예비 마디를 두는 방법은 여러 사람이 동시에 시작점을 파악할 수 있다는 장점이 있어서 클래스나 단체 수업에 꼭 필요한 부분입니다.

4. 발로 박자를 세는 것은 도움이 될 수도, 안 될 수도 있습니다. 발로 박자를 세다 보면 아무래도 예상치 못한 딜레이 (Delay)가 생길 수 있기 때문입니다. 특히 빠른 템포를 연주할 때는 훈련된 드러머가 아닌 이상 자신도 모르는 사이 조금씩 템포가 빨라지거나 느려질 수 있습니다. 만약 본인이 발로 박자를 카운트 하는 것에 익숙해져서 꼭 사용해야 한다면 위의 내용을 고려해서 연습하길 바랍니다.

5. 연습 방법은 다음과 같이 크게 세 가지로 나뉩니다. 이때 같은 악보를 사용해서 각각 세 가지의 다른 방법으로 훈련합니다.

(1) 메트로놈에 맞추어 손뼉을 치면서, 입으로 소리내어 리듬 악보를 읽습니다.

이 책에서는 될 수 있으면 영어로 표기하는 것을 원칙으로 합니다. 영어가 한글보다 뛰어나서가 아니라 우리가 서양에 기반을 둔 음악을 차용하다 보니, 억지로 끼워 맞춘 듯한 음악 용어의 한글 표기가 오히려 사람들에게 혼란을 줄 수 있다고 생각하기 때문입니다. 손뼉은 타악기와 같이 음을 지속할 수 없으므로 음표가 나올 때는 손뼉을 치고, 음표의 길이만큼 손바닥을 붙여주도록 합니다. 반대로, 쉼표는 쉼표의 길이만큼 손바닥을 뗍니다. 아래 그림에서 숫자 1, 2, 3, 4는 "원, 투, 쓰리, 포" 로, '+' 표시는 영어의 'And(앤드)' 를 줄여 "앤" 이라고 발음합니다. 손뼉을 칠 때는 'O' 에서는 음의 길이만큼 손바닥을 붙여주고 'X' 에서는 손바닥을 뗍니다. ' ⌣ (타이(Tie), 붙임줄)' 로 연결된 음은 음이 지속되는 것을 의미하므로 끝나는 음의 길이까지 손바닥을 붙여줍니다.

(2) 메트로놈에 맞추어 박자젓기(지휘)를 하면서 입으로 소리 내어 리듬 악보를 읽습니다.

박자젓기에 사용하는 악보는 위와 동일한 악보로써 음표와 쉼표의 위치, 길이는 같지만 숫자(1, 2, 3, 4)와 '+' 표시는 없습니다. 이때는 입으로 숫자를 읽는 것이 아닌 "따" 로 음표의 길이를 읽으며 손으로 박자젓기를 합니다. 긴 음은 "따 - - 아" 로 읽어서 음표의 길이만큼 음을 지속해주고, 쉼표의 경우 필요하다면 "으" 로 읽어주면 도움이 됩니다. 하지만 긴 박을 쉬는 경우도 있으므로 가급적 쉼표는 "으" 로 읽기보다는 눈과 마음속으로만 읽는 것이 더 좋습니다. 중요한 건 지나치게 발음을 세분화하여 "딴", "따", "땃", "투", "툿" 등으로 구분하는 것은 좋지 않습니다. 본인에게 맞는 적절한 발음을 선택한 뒤 음표와 쉼표 정도로만 구분해서 사용하는 게 좋습니다. 음표와 쉼표를 길이에 맞게 정확하게 읽는 것이 중요하지, 발음 자체를 구분하는 것은 또 하나의 일이 되어버릴 뿐만 아니라 신경이 분산되어 집중력을 떨어뜨립니다. 이 책에서는 음표는 '따' , 쉼표는 필요한 경우 '으' 만 사용했습니다. 박자젓기를 통해 본인이 읽고 있는 음표나 쉼표의 위치가 악보의 어느 부분에 있는지 파악하여 시공간에 대한 인지능력을 키울 수 있습니다. 예를 들어 눈과 입으로 는 악보의 세 번째 박을 읽고 있는데, 박자젓기를 하는 손은 두 번째 박에 머무르고 있다면 스스로 하고 있는 연습이 뭔가 잘못됐다는 것을 쉽게 알 수 있습니다. 이렇듯 박자젓기 훈련을 통해 정확한 박자 감각을 키울 수 있습니다. 다양한 박자젓기 패턴은 뒤에서 자세히 설명하겠습니다.

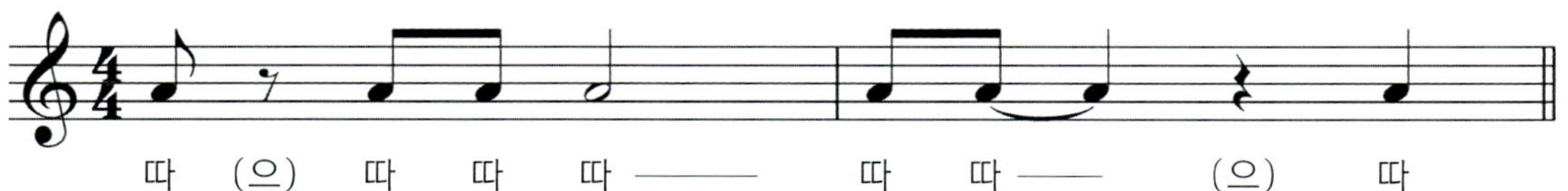

(3) 메트로놈 대신, 제공된 음원의 다양한 그루브에 맞추어 (2)번과 같이 박자젓기를 하면서 입으로 소리내어 리듬 악보를 읽습니다.

방법은 위의 (2)번 연습과 동일하며 메트로놈 대신에 음원을 사용한다고 생각하면 됩니다. 음원의 다양한 그루브에 따라 같은 악보를 읽더라도 메트로놈으로 연습할 때처럼 스트레이트(Straight)한 리듬감을 느끼거나 공이 통통 튀는 것 같은 바운스(Bounce)한 리듬감을 느낄 수 있습니다. 평소에 자주 접하던 음악 장르의 그루브가 아니라면 처음엔 생소할 수도 있겠지만 이 연습을 통해 다양한 스타일의 그루브 감각을 키울 수 있을 것입니다.

PART 2
실전 연습

보컬 트레이닝의 정석 Ⅱ
(리듬&그루브 트레이닝)
시범 영상

01 메트로놈(Metronome)에 맞춰 손뼉 치면서 리듬 카운트하기

1. Rhythm 1

이번 Rhythm 1은 총 3장으로 구성되어 있으며, 온음표, 2분음표, 4분음표, 8분음표와 온쉼표, 2분쉼표, 4분쉼표, 8분쉼표를 트레이닝하는 것을 목표로 합니다. 4/4박자를 중심으로, 가끔 2/4, 3/4박자를 사용하여 변화를 주었습니다. 4/4박자는 예비 마디인 한 마디를 '원-투-쓰리-포' 로 네 박자의 길이만큼, 3/4박자는 '원-투-쓰리' 로 세 박자의 길이만큼, 2/4박자는 '원-투' 로 두 박자의 길이만큼 각각 카운트한 후 시작하면 됩니다. 연습 방법에서 설명한 대로, 메트로놈에 맞춰 음표는 손뼉을 친 후 음의 길이만큼 손바닥을 붙여주고 쉼표는 음의 길이만큼 손을 떼 줍니다. 이때 입으로는 숫자와 '+(And: "앤"으로 읽음)' 표시에 맞춰 "원-투-쓰 리 앤…" 과 같은 방식으로 악보를 읽어줍니다. 귀찮더라도 입으로 숫자를 카운트해주는 것이 매우 중요합니다. 모든 예제의 음원은 BPM=80으로 녹음했으며, 손뼉은 음의 유지를 표현할 수 없기 때문에 손뼉 대신 피아노로 녹음했습니다. 피아노의 음을 얼마큼 길고 짧게 연주하는지 잘 들으면서 연습하세요.

Audio Sample

Rhythm 1

1

1 2 3 4   1 2 3 4   1 2 3 4   1 + 2 + 3 + 4 +

2

1 2 3 4   1 2 3 4   1 2 3 4   1 + 2 + 3 + 4

3

1 2 3 4   1 2 3 4   1 2 3 4   1 2 3 4

4

1 2 3 4 +   1 2 3 + 4   1 2 3 4   1 2 3 + 4

5

1 + 2 + 3 4   1 + 2 + 3 4   1 + 2 + 3 + 4   1 2 3 4

6

1 2 + 3 + 4 +   1 2 3 + 4 +   1 2 3 4   1 + 2 + 3 4

7

1 2 3 + 4   1 2 3 4   1 2 3 + 4   1 2 3 4 +

8
1 + 2 + 3 + 4 + 1 2 3 4 + 1 + 2 3 4 1 2 3 4
9
1 2 3 4 + 1 2 3 4 + 1 2 3 4 1 2 3 4 +
10
1 2 3 4 1 2 + 3 4 1 + 2 3 + 4 + 1 + 2 3 4 +
11
1 2 + 3 1 + 2 + 3 + 1 + 2 + 3 1 2 3 +
12
1 + 2 + 3 1 + 2 + 3 1 + 2 + 3 + 1 + 2 + 3
13
1 + 2 3 + 4 1 + 2 + 3 + 4 1 + 2 3 + 4 1 + 2 3 + 4
14
1 2 3 4 + 1 2 3 + 4 1 + 2 + 3 4 1 + 2 3 4

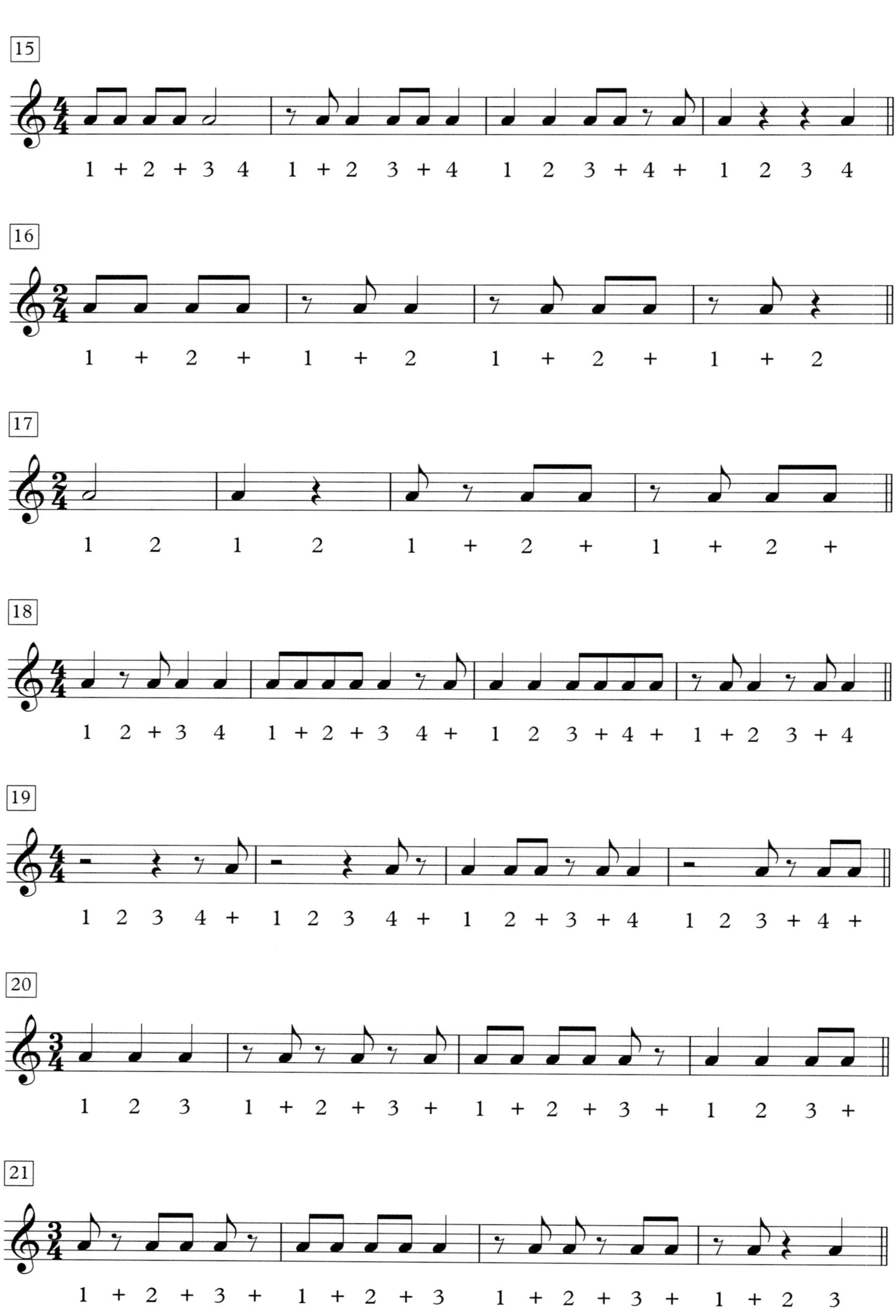

2. Rhythm 2 (붙임줄, 이음줄)

이번 Rhythm 2에서는 흔히 넥타이처럼 늘어져 있다고 해서 '타이(Tie)' , 혹은 '타이드 노트(Tied Note)' 라고 하는 '붙임줄' 이 등장합니다. 앞에서 설명한 일반적인 음표만으로는 표현하기 어려울 경우 두 음의 사이에 붙임줄을 사용해서 좀 더 세분화된 음의 길이를 표현할 수 있습니다.

붙임줄(Tie)은 같은 음높이를 가진 음들끼리 연결할 때 사용하며, 붙임줄로 연결된 두 음은 연장된 길이만큼 하나의 음으로 연주합니다. 또한 붙임줄은 음표에서만 사용하고, 쉼표에서는 사용하지 않습니다.

붙임줄과 비슷한 기호로 이음줄(Slur)이 있습니다. 붙임줄인 '타이' 와 이음줄인 '슬러' 는 모양이 비슷해서 혼란스럽지만, 타이는 같은 높이에 위치한 음 사이를 연결하는 것이고 슬러는 기능상 여러 가지 상황에 쓰이지만, 쓰이는 음들의 높낮이가 달라서 타이와는 시각적으로 확연히 구분됩니다.

붙임줄(Tie) 연결된 두 음의 음 높이가 같다 　　　　 **이음줄(Slur)** 연결된 두 음의 음 높이가 다르다

또한 Rhythm 2에서는 처음으로 5/4박자가 등장합니다. 5/4박자라고 크게 다를 건 없습니다. 4/4박자가 '원-투-쓰리-포' 와 같은 식으로 한 마디를 네 박자로 카운트한 것처럼 5/4박자는 '파이브' 를 붙여 '원-투-쓰리-포-파이브' 이렇게 한 마디를 다섯 박자로 카운트하면 됩니다.

Rhythm 2

1
1 2 3 4   1 2 3 4 +   1 2 3 4   1 2 + 3 4 +

2
1 2 3 4   1 2 3 4   1 2 3 4   1 2 3 4 +

3
1 2 3 4   1 2 3 4   1 2 3 4   1 2 3 4

4
1 2 3 4   1 2 3 4   1 2 3 4   1 2 3 + 4

5
1 + 2 3 4   1 2 3 4   1 2 3 4   1 2 3 4

6
1 + 2 3 4   1 2 3 + 4 +   1 + 2 3 4   1 + 2 3 + 4

7
1 2 + 3 4   1 + 2 3 4   1 + 2 3 + 4   1 2 3 4

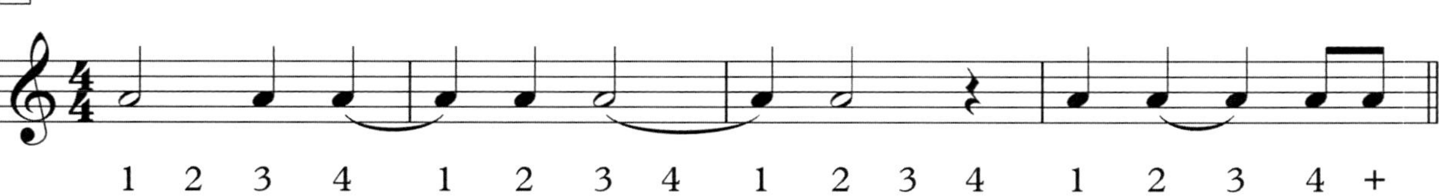

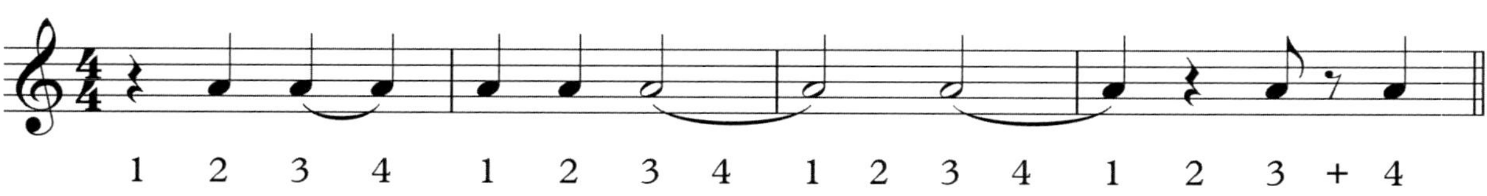

8
1 + 2 + 3 4   1 + 2 + 3 4   1 2 + 3 4   1 + 2 3 + 4
9
1 + 2 + 3 4   1 + 2 + 3 4   1 + 2 3 4   1 + 2 3 4
10
1 + 2 + 3 4 +   1 2 + 3 + 4 +   1 2 3 + 4 +   1 2 3 4
11
1 2 3   1 2 + 3   1 2 3   1 2 + 3 +
12
1 + 2 + 3   1 2 + 3   1 2 + 3   1 2 + 3
13
1 + 2 3 + 4   1 2 3 + 4 +   1 2 3 4 +   1 2 3 + 4
14
1 2 3 + 4 +   1 2 + 3 + 4   1 + 2 + 3 4   1 2 + 3 4

15
1 + 2 3 + 4   1 2 + 3 4   1 2 + 3 + 4 +   1 2 3 + 4
16
1 + 2   1 + 2 +   1 + 2 +   1 2
17
1 2   1 2   1 + 2 +   1 + 2
18
1 2 3 + 4   1 + 2 3 4 +   1 2 + 3 + 4   1 + 2 3 + 4
19
1 2 3 + 4 +   1 2 3 + 4   1 + 2 3 + 4   1 2 3 + 4
20
1 2 + 3   1 2 + 3 +   1 2 3   1 + 2 3 +
21
1 2 3 4 5   1 + 2 3 4 5 +   1 + 2 + 3 4 5   1 2 + 3 4 + 5

3. Rhythm 3~4 (점음표, 16분음표 읽는 법) 

이번 Rhythm 3에서는 점음표와 4연음인 16분음표가 등장합니다. 점음표의 점은 점이 붙은 음표나 쉼표의 1/2의 길잇값이라고 앞에서 배웠던 것 기억나죠?

16분음표를 읽는 방법은 첫 번째 박자에 16분음표가 4연음으로 올 경우 " ♩♪♪♪ , 원-이(알파벳 e)-앤(And의 약자)-아 (알파벳 a)" 로 읽어주고, 두 번째, 세 번째, 네 번째 박자에 16분음표가 4연음으로 올 경우엔 앞의 '원' 만 '투' 나 '쓰리' , '포' 로 바꿔줍니다. 때론 '원-이-앤-아' 에서 세 번째 음표인 '앤' 의 경우 '앤드(And)' 의 약자이므로 끝의 '드' 음을 살려서 뒤따라오는 네 번째 음표인 '아(알파벳 a)' 와 연음이 되어 "앤-아" 대신 "앤-다" 로 발음하기도 합니다. 하지만 이 책에서는 "아(a)" 로 읽도록 하겠습니다.

Rhythm 3

8
1 e + a 2   3   4 e + a   1   2 + 3 e + a 4   1   2   3 e + a 4   1   2   3   4
9
1   2 + 3   4 +   1 + 2   3   4 +   1   2   3   4 +   1   2   3   4
10
1 e + a 2   3 e + a 4 +   1   2 + 3 e + a 4   1   2 + 3   4 +   1   2 e + a 3   4
11
1 e + a 2 e + a 3   1   2 + 3   1   2   3 e + a   1   2 + 3
12
1   2   3 +   1   2 + 3   1   2   3 e + a 1 + 2   3
13
1   2   3   4 +   1 e + a 2   3 e + a 4 +   1   2   3   4 +   1 + 2 + 3   4
14
1   2 + 3 + 4   1 e + a 2   3 + 4 +   1 + 2 e + a 3 e + a 4   1   2   3 + 4

15
1 2 3 + 4   1 2+ 3 + 4   1 e + a 2 3 4 +   1 + 2 3 4
16
1 2 3 4+   1 2 + 3 4 +   1 2 3 + 4 +   1 2 e + a 3 4 +
17
1 + 2 3 4   1 + 2 + 3 4+   1 2 3 4 +   1 2 3 + 4
18
1 2 + 3 +   1 2 3 e + a   1 + 2 3   1 + 2 e + a 3 +
19
1 + 2 + 3   1 2 + a 3 e + a   1 2 + 3   1 2 + 3
20
1 2 3 + 4   1 + 2 + 3 + 4   1 + 2 + 3 + 4   1 e + a 2 3 + 4
21
1 + 2 3 4+   1 2 + 3 4 +   1 + 2 3 4+   1 2 e + a 3 4+

Audio Sample

Rhythm 4

1 2 + 3 4   1 e + a 2   3 e + a 4 e + a   1 + 2 3 4 +   1 e + a 2 3 4

1 e + a 2 3 4 +   1 e + a 2 e + a 3 4   1 2 3 4 +   1 2 e + a 3 4 e + a

1   2 + 3   1 e + a 2   3   1 2 + 3 e + a   1   2   3

1   2   1 e + a 2 e + a   1 2 +   1 e + a 2

1 2 3 4 + 1 2 + 3 4   1 e + a 2 3 + 4 +   1 2 3 4

1 e + a 2 e + a 3 4   1 2 + 3 e + a 4   1 + 2 3 + 4 +   1 2 + 3 4

1 e + a 2   3   1 e + a 2 e + a 3   1 2 3 +   1 2 3

8
1   2   +   1 e + a 2 e + a   1   2   +   1   2 +
9
1 2 3 4 +   1 2 + 3 e + a 4   1 + 2 + 3 4   1 e + a 2   3 4 +
10
1 + 2 3 4   1 + 2 3 4 e + a   1 e + a 2 + 3 + 4 +   1 2 + 3 e + a 4 +
11
1 + 2   3 +   1 e + a 2   3 +   1 e + a 2 e + a 3   1 + 2   3 +
12
1 + 2   3 4 +   1 2 + 3 e + a 4   1 + 2 3 + 4 +   1 e + a 2   3 4 +
13
1 e + a 2 + 3 4 +   1 + 2 + 3 + 4 +   1   2   3 + 4   1 e + a 2   3 4
14
1 2 + 3 + 4   1 e + a 2   3 4+   1   2 + 3 + 4   1   2 + 3 e + a 4

15
1   2 + 3   4 +   1 + 2 + 3 e + a 4   1 + 2   3 + 4   1 + 2 + 3   4
16
1   2 + 3 + 4 +   1   2 + 3 e + a 4   1 + 2   3 + 4   1 + 2 + 3   4
17
1 e + a 2 + 3   1 e + a 2 e + a 3   1 + 2   3 +   1   2 + 3 +
18
1 e + a 2   3 + 4   1   2 + 3   4 +   1   2   3 e + a 4   1 + 2 + 3   4 +
19
1   2 + 3   4   1 e + a 2 e + a 3 4   1 + 2   3 e + a 4   1   2 + 3   4
20
1   2   3 + 4   1 + 2 + 3 + 4   1 e + a 2   3   4 +   1   2 + 3 + 4
21
1 + 2   3 + 4 +   1 e + a 2 + 3 4   1 + 2 + 3   4   1   2   3   4 +

4. Rhythm 5~6 (네 종류의 3연음)

이번 Rhythm 5~6에서는 4분음표 한 개를 3연음처럼 만들 수 있는 네 가지 경우가 나옵니다. 읽는 방법은 다음과 같습니다. 16분음표 네 개(♪♪♪♪ =원-이-앤-아) 중에서 8분음표가 위치하는 자리에 있는 16분음표 두 개를 줄여서 한 개의 음표로 읽어줍니다. 두꺼운 서체로 **볼드**(Bold)처리한 부분이 길고 강세가 있는 음표를 의미합니다. 예를 들어 ①의 경우 '원-(이)-앤-아' 에서 '원' 의 길이가 길어져 '(이)' 를 생략하고 그냥 '**원**-앤-아' 로 읽은 것이고, ②는 '원-이-앤-(아)' 에서 '앤' 의 길이가 길어져 '(아)' 를 생략하고 그냥 '원-이-**앤**' 으로 읽어준 것입니다. ③은 '원-이-(앤)-아' 에서 '이' 가 길어져 '(앤)' 을 생략한 것이고, ④의 경우 '셋잇단음표(Triplet)' 를 사용했는데, 셋잇단음표는 예외적으로 한 박자를 두 개가 아닌 세 개의 음표로 균등하게 나누었기 때문에 강세 또한 세 개의 음표에 똑같이 적용합니다.

읽는 방법이 조금 달라지긴 했지만, 한 번만 외워두면 이보다 복잡한 음표가 나와도 같은 방식으로 적용할 수 있습니다.

①

②

③

④

4/4박자에서 8분음표를 두 개로 균등하게 나눈 2연음을 '스트레이트(Straight)' 혹은 '이븐(Even)' 하다고 표현하는데, 여기에선 점8분음표와 16분음표를 사용하여 한쪽이 길거나 짧아진 두 가지 경우의 2연음이 나옵니다. 이런 경우 리듬감이 생기기 때문에 '스트레이트' 나 '이븐' 이라는 표현 대신 '스윙 필(Swing Feel)' , 혹은 '바운스(Bounce)' 라는 표현을 사용합니다.

읽는 방법은 다음과 같습니다. 16분음표 네 개(=원-이-앤-아) 중에 점8분음표가 위치하는 자리에 있는 16분음표 세 개를 줄여서 한 개의 음표로 읽어줍니다. 두꺼운 서체로 **볼드**(Bold)처리한 부분이 길고 강세가 있는 음표를 의미합니다. 예를 들어 ①의 경우 '원-(이)-(앤)-아' 에서 '원' 의 길이가 길어져 '(이)' 와 '(앤)' 을 생략하고 그냥 **원**-아 로 읽은 것이고, ②는 '원-이-(앤)-(아)' 에서 '이' 의 길이가 길어져 '(앤)' 과 '(아)' 를 생략하고 그냥 '원-**이**' 로 읽은 것입니다.

①

②

Rhythm 5

1

2

3

4

5

6

7

8
1 e a 2 e + a 3 e + a 4   1 + 2 + 3 e + a 4   1 2 + 3 e + a 4 +   1 + a 2 3 + 4

9
1 2 + a 3 4   1 2 + a 3 + a 4   1 2 3 + 4 + a   1 + a 2 3 4 +

10
1 + a 2 3   1 2 + 3 + a   1 + a 2 + a 3   1 2 + a 3

11
1 2 + 3 4 +   1 + a 2 3 + a 4 +   1 2 3 e a 4 e a   1 + 2 3 4 +

12
1 e a 2 e a 3 4 +   1 + 2 a 3 a 4 a   1 2 + 3 e + a 4   1 2 + 3 4

13
1 + 2 + 3 e + a   1 + a 2 3 + a   1 e + a 2 e + a 3   1 + 2 + 3 e + a

14
1 + 2 + a 3 e + a   1 + a 2 + a 3 +   1 + 2 3   1 2 3

15
1 e + a 2 + 3 + 4   1 + 2 + 3 e 4 e   1 + 2 + a 3 4   1 + 2 3 + 4
16
1 + 2 3 4 +   1 2 + 3 + 4 +   1 2 e + a 3 + 4   1 a 2 a 3 + 4
17
1 + 2 + 3 +   1 2 + 3 e + a   1 + 2 3 a   1 a 2 3 e
18
1 + a 2 + a 3 + a   1 + 2 + 3 +   1 e + a 2 + 3 +   1 2 3 +
19
1 + 2 + a 3 + 4   1 e a 2 e a 3 4   1 + 2 + 3 e + a 4   1 e 2 e 3 4 +
20
1 2 + 3 + 4   1 e + a 2 3 + 4 +   1 2 + 3 + 4 +   1 + 2 + 3 4
21
1 2 3 e 4   1 e + a 2 + 3 4 +   1 2 + 3 + 4   1 + 2 + 3 4 +

Audio Sample

Rhythm 6

1   a 2   a   1   a 2   +   1   a 2   1   a 2 e   + a

1   +   2   a   1 e   + a 2   a   1   2   +   1   a 2 e   + a

1 + 2 a 3 4+   1 e + a 2 a 3 4   1 2 3 e + a 4 e + a   1 2+ 3 e + a 4

1 + a 2 e + 3   1 e + a 2 e + a 3 e + a   1   2 + 3 a   1   2   3

1   2+ 3 e + a 4   1 a 2   3 a 4   1 e + a 2 a 3   4   1 2+ 3 4

1   +   a   2   +   a   1   a   2   +   1   +   a   2   a   1   2 +

1 +2+ 3   4   1 a 2   3 a 4   1 + a 2 + 3 +4 +   1   2   3   4+

8
1 + 2 + 3 4   1 e + a 2 e + a 3   4   1 + a 2 + a 3 4 +   1 2 3 4

9
1 2 + a 3 + 4 +   1 2 e + a 3 a 4 a   1 + 2 3 a 4 a   1 2 + 3 + 4

10
1   a 2   a   1 e + a 2   1 + 2 + a   1 e 2 e

11
1 + a 2 3 +   1 + 2 e 3 e   1 e + a 2 3   1 2 + 3

12
1 + 2 + 3 4   1 + 2 + 3 4 +   1 e 2 e 3 4 +   1 2 e + a 3 4

13
1 + 2 3   1 + a 2 + 3   1 e + a 2 + a 3   1 + 2 3

14
1 a 2 a 3 4 +   1 2 e 3 e 4 e   1 2 + 3 + 4   1 + 2 3 + 4 +

15
1 e 2 e 3 4   1 +a 2 3 +a 4   1 2 +3 + 4   1 + 2 + 3 + 4
16
1 +a 2 +a 3 4 +   1 2 +3 +a 4   1 +2+ 3 +4+   1 2 e +a 3 4
17
1 2 3 4 +   1 2 e a 3 e a 4   1 e +a 2 3 + 4   1 2 + 3 4 +
18
1 2 + 3 +   1 2 + 3   1 e 2 e 3 e   1 2 3 +
19
1 + 2 3 + 4   1 a 2 a 3 a 4 a   1 + 2 3 e 4 e   1 + 2 + 3 4
20
1 2 + 3 + 4   1 e +a 2 3 + 4 +   1 2 a 3 e 4 +   1 + 2 + 3 4 +
21
1 + 2 + 3 + 4   1 2+ 3 4+   1 e + a 2 3 + 4   1 2+ 3 4

5. Rhythm 7 (Cut Time)

이번 Rhythm 7에서는 '**알라 브레베**(Alla Breve)' 라고도 하는 '**컷 타임**(Cut Time)' 이 등장합니다. 일반적으로 많이 사용되는 $\frac{4}{4}$박자는 '**커먼 타임**(Common Time)' 이라고 불리며, 보통 '**C**' 로 표기하는데, 컷 타임은 $\frac{4}{4}$박자(**C**)를 반으로 잘라서 $\frac{2}{2}$박자로 연주하라는 기호입니다. '**C**' 를 반으로 나누었기 때문에 '**¢**' 로 표기합니다. 또한 '♩' 가 기본박이 아닌 '♩' 가 기본박이 되므로 2분음표 한 개를 한 박자, 4분음표 한 개를 반 박자, 8분음표 한 개를 반의반 박자로 카운트하며, 두 박자 패턴의 셈여림인 '강-약' 으로 연주합니다. 템포가 빠른 곡의 경우 $\frac{4}{4}$박자로 표기하면 연주자 입장에서 악보를 읽기 어려울 수 있으므로 마디 단위로 $\frac{2}{2}$박자의 컷 타임을 사용하여 기보하는 경우가 많습니다.

Audio Sample

Rhythm 7

1 2 + 3 4   1 2 3 + 4   1 e + a 2 e + a 3 + 4   1 2 3 4

1 2 + a 3   1 + 2 3   1 e + a 2 a 3   1 2 3

1 2 + 3 4   1 e + a 2 3 4   1 + 2 3 a 4   1 2 + 3 4

1 2 a   1 + 2 e + a   1 2 +   1 e + a 2

1 2 3 4 +   1 + 2 3 + 4   1 e + a 2 3 4   1 + 2 3 4

1 e 2 3 e 4   1 + 2 3 + 4 +   1 + 2 e + a 3 + 4   1 2 e 3 e 4

1 + a 2 + a   1 + 2 e + a   1 a 2 + a   1 + a 2

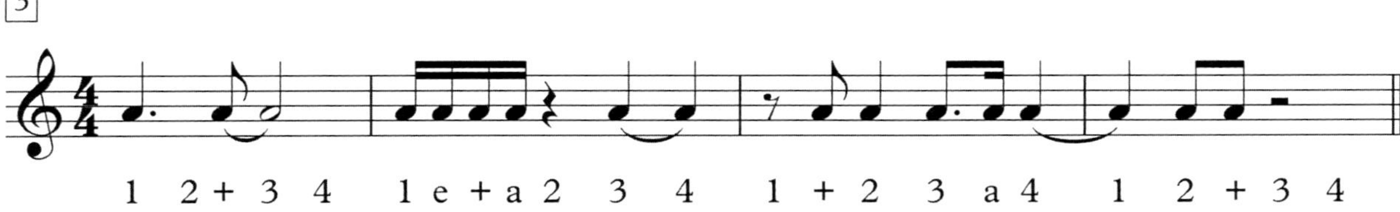

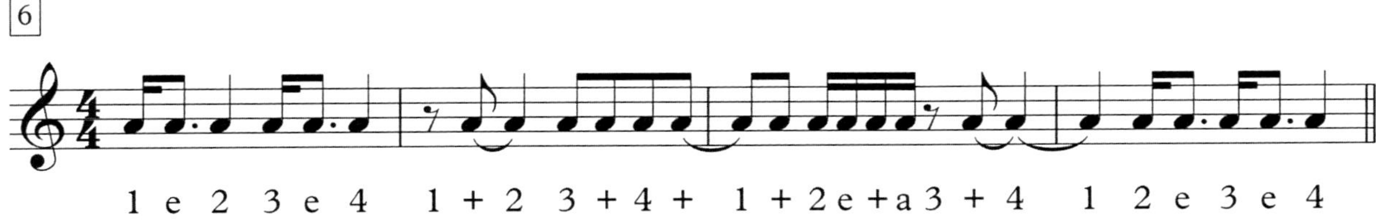

8
1 e 2 e 3 e 4   1 + a 2 3 + 4 +   1 e + a 2 + 3 + a 4   1 + 2 3 + 4
9
1   a 2   a   1 e + a 2   a   1 + 2 e + a   1 + 2 +
10
1 + 2 3 + 4   1 + a 2 + a 3 + 4   1 e + a 2 + 3 + a 4   1 + 2 3 e 4 e
11
1 + 2 3 + 4   1 e 2 e 3 4   1 e + a 2 + 3 + a 4   1 + 2 3 4 +
12
1   2   1 + 2   1   2 +   1   2
13
1   2 +   1 + a 2   1   2 a   1 e + 2
14
1 + a 2 e +   1 + a 2 e + a   1 + 2 a 1   2 e + a

15
1 2 + 3 + 1 + 2 + 3 + 1 2 + 3 1 2 + 3 +
16
1 a 2 e + a 1 + 2 + 1 + 2 + 1 e a 2 +
17
1 2 + 3 + 4 + 1 + 2 3 + 4 + 1 e + a 2 e + a 3 4 1 a 2 3 + 4 +
18
1 2 3 + 1 + 2 + 3 1 e 2 e + a 3 e 1 a 2 3 +
19
1 e + a 2 3 4 1 + 2 3 + 4 1 a 2 a 3 + 4 1 2 e + a 3 4
20
1 e + a 2 + 1 + 2 e + a 1 a 2 a 1 e + a 2 + a
21
1 2 1 2 + 1 2 + 1 2 +

6. Rhythm 8~9 (⅜, ⅝, ⅞ 박자 읽는 법)

이번 Rhythm 8~9에서는 대표적인 겹박자인 ⅜, ⅝, ⅞박자가 나옵니다. ⅜박자는 8분음표가 한 마디 안에 6개, ⅝박자는 9개, 그리고 ⅞ 박자는 12개로 구성되어 있으며, 8분음표 세 개를 한 박자로 카운트합니다. 즉 ⅜박자는 ²⁄₄박자, ⅝박자는 ³⁄₄박자, ⅞ 박자는 ⁴⁄₄박자와 같은 3연음부의 셈여림과 리듬 패턴을 갖습니다. 읽는 방법은 다양하지만 통일감을 주기 위하여 이 책에서는 다음과 같이 읽습니다. 서체를 **볼드**(Bold)처리한 박자는 셈여림을 주어 강조해서 읽습니다.

일부 책에서는 **1**-2-3-**4**-5-6(**원**-투-쓰리-**포**-파이브-식스)로 읽기도 합니다. 하지만 이렇게 읽을 경우에는 일관성을 유지하기 위해서 ⅝박자는 '**1**-2-3-**4**-5-6-**7**-8-9(**원**-투-쓰리-**포**-파이브-식스-**세븐**-에이트-나인)', 그리고 ⅞ 박자는 '**1**-2-3-**4**-5-6-**7**-8-9-**10**-11-12(**원**-투-쓰리-**포**-파이브-식스-**세븐**-에이트-나인-**텐**-일레븐-투웰브)' 와 같은 방식으로 읽어야 하는데, 이런 경우에는 길어진 단어만큼 읽는 것 자체가 번거로워져서 집중력이 떨어질 뿐 아니라 빠른 템포에서의 발음 또한 어렵습니다. 필자의 경험에 비추어볼 때, 8분음표를 세 개씩 그룹핑하여 '**1**-2-3(**원**-투-쓰리)' 로 각 박자표에 맞춰 반복해 주는 것이 전자의 방법보다 쉽고 효율적입니다. 모든 박자를 '**1**-2-3(**원**-투-쓰리)' 로 읽으면 혼동될 것 같지만, 박자젓기를 통해 몇 번째 박에 손이 위치하는지 쉽게 인지할 수 있기 때문에 문제 될 것이 없습니다. 아래와 같이 셈여림을 주며 읽습니다.

Rhythm 8

8
1 2 e + a 3 4 +   1 2 3 e 4 e   1 e + a 2 + 3 + a 4   1 + 2 3 4
9
1 2 + 3 + 4   1 e a 2 e a 3 4   1 + 2 3 e + a 4 +   1 e a 2 e a 3 4
10
1 2 + 3 + a 1 + 2 3   1 + 2 3 e + a 1 e 2 e 3
11
1 2 3 1 2 3   1 2 3 1 2 3   1 2 3 1 2 3   1 2 3 1 2 3
12
1 2 e + a 1 + a 2 e +   1 2 +   1 + a 2 e + a
13
1 e + a 2 3 +   1 2 + 3 +   1 e 2 e 3 a 1 2 3
14
1 2 + 3 4 +   1 e 2 e 3 + 4   1 e + a 2 + 3 + 4   1 + 2 3 4 + a

Rhythm 9

8
1 e 2 e 3 e 4   1 +a 2 3 + 4 +   1 e +a 2 + 3 +a 4   1 + 2 3 + 4
9
1   a 2   a   1 e + a 2   a   1 + 2 e + a   1 + 2 +
10
1   2   3   1   2   3   1   2   3   1   2   3
11
1 + 2 3 + 4   1 e 2 e 3 4   1 e +a 2 + 3 +a 4   1 + 2 3 4+
12
1 + 2 +   1 + 2 +   1 e + 2 e + a   1 + 2 + a
13
1 2 +3 +4 5   1 + 2 3 + 4 5 +   1 + 2 + 3 4 e +a 5   1 + 2 3 4 + 5
14
1 a 2 a 3 4 +   1 2 e 3 e 4 e   1 2 + 3 + 4   1 + 2 3 +4+

7. Rhythm 10 (2박3연음)

이번 Rhythm 10에서는 2박3연음이 나옵니다. 2박3연음은 앞에서 설명한 것처럼 두 박자를 균등하게 세개의 음표로 나눈 것입니다. 또한 2분음표는 꼬리(Beam)가 없으므로 음표 위에 브래킷(Bracket, $\overline{3}$)을 그리고 숫자를 표기합니다.

4분음표 두 박자를 3연음인 셋잇단음표로 분할 (2박3연음)

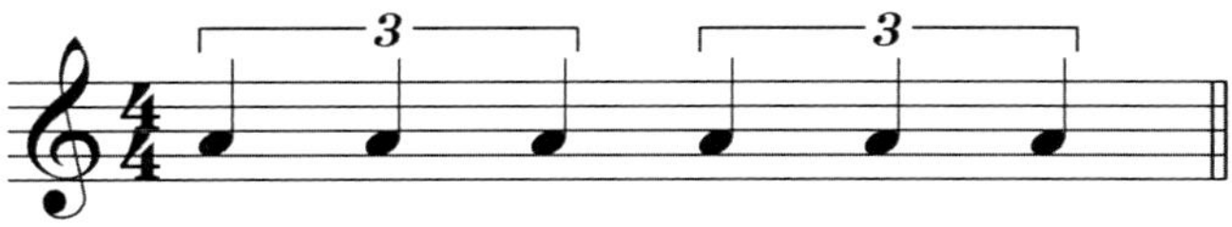

Rhythm 10

Audio Sample

1

1 + 2 + 3 + a   1 2 3 + a   1 + a 3 + 4   1 2 3 + a

2

1 2 3 + a   1 + 2 + 3 + a   1 2 + 3 + a   1 e + a 2 3 + a

3

1 e + a 2 3 + a   1 + a 3 + a 4 + a   1 + 2 3 + a   1 + a 3 + a

4

1 + a 2 e + a 3 + a 4 + a   1 a 2 e 3 + a   1 2 3 + a 4 + a   1 + a 2 e + 3 + a 4

5

1 + a 3 + a   1 2 + 3 + a   1 + a 3 4   1 e + a 2 e + a 3 + a

6

1 e 2 3 + a   1 + 2 3 + 4 +   1 + 2 e + a 3 + 4   1 + a 3 e 4 + a

7

1 + a 2 + a   1 + a   1 a 2 + a   1 + a 2 +

8
1 + 2 3 4   1 + 2 + 3 4 +   1 2 3 +a 4 +   1 + 2 + 3 4 +
9
1 e + a 2 +   1 + 2 + a 1   2 + a 1 + a
10
1 2 3 4 +   1 2 +a 3 + 4   1 +a 2 +a 3 +a 4   1 + 2 3 e 4 +a
11
1 +a 3 e a 4 +a   1 e 2 e +3 +a 4 +a   1e + a 2 +3 +a 4 e a   1+ 2 3 4+a
12
1 + 2 3 +   1 2 3 +a   1 e a 2 e a 3 e   1 +2 + 3 + a
13
1 2 + 3 4 +5   1 + 2 3 e +a 4 + 5   1 2 + 3 4 5 +   1 + 2 3 4 + 5
14
1 e + a 2 e   1 + 2 e a 1 + 2 +   1 2 + a

15
1 e + 2 e + 3   1 + 2 e + a 3 + a   1 + a 2 + a 3 e   1 2 + 3 +
16
1   a 2 e +   1 + 2 e + a   1 e + a 2 +   1 e a 2   a
17
1 2 + a 3 + 4 +   1 + 2 3 + 4 e   1 e + a 2 e + a 3 4 + a   1 a 2 + a 4 +
18
1 e + a 2 + 3 + a   1 + a 2 + 3 e + a   1 e 2 e + a 3 e   1 a 2 + a
19
1 e + a 2 a 3 4 +   1 + a 2 + a 3 + a 4   1 + a 3 e 4 e   1 + 2 + a 3 a 4
20
1 + a 2 + a 3 4 5 + 6 7 +   1 2 + 3 4 e + a 5 6 7   1 2 + a 3 4 5 + 6 7
21
1 23 1 2 3 123   1 2 3 1231 23   12312 3 1 23   1 2 3 + 12312 3

02 메트로놈(Metronome)에 맞춰 지휘하면서 리듬 카운트하기

1. Conduct 1~10(박자젓기, 지휘법)

앞의 연습 방법에서 설명한 것처럼 이번 장에서는 메트로놈에 맞춰 박자젓기(지휘)를 하면서 입으로 소리내어 리듬 악보를 읽어보겠습니다.

박자젓기를 할 때는 앞에서 익힌 악보와 동일한 악보를 사용하지만(손뼉 치고 입으로 리듬 카운트하는 악보), 숫자와 '+' 표시 대신 '따' 로 음의 길이를 표시했습니다. 이번엔 손으로 박자젓기를 하면서 음표의 길이를 "따" 로 읽어줍니다. 긴 음은 "따 - - 아" 로 읽어서 음표의 길이만큼 음을 지속해주고, 쉼표의 경우 필요하다면 '(으)' 로 읽어주면 도움이 됩니다. 하지만 긴 박을 쉬는 경우도 있으므로 쉼표는 '(으)' 로 읽기보다는 되도록 눈과 마음속으로만 읽는 것을 권장합니다. 중요한 건 발음을 지나치게 세분화하여 "딴" , "따" , "땃" , "투" , "툿" 등으로 구분하는 것은 좋지 않습니다. 본인에게 맞는 적절한 발음을 선택한 뒤 음표와 쉼표 정도로만 구분해서 사용하는 것이 효과적입니다.

음표와 쉼표를 길이에 맞게 정확하게 읽는 것이 중요하지, 발음 자체를 구분하는 것은 또 하나의 일이 되어버릴 뿐만 아니라 신경이 분산되어 집중력을 떨어뜨립니다. 이 책에서는 음표는 '따' , 쉼표는 필요한 경우 '(으)' 만 사용했습니다. 박자젓기를 통해 본인이 읽고 있는 음표나 쉼표의 위치가 악보의 어느 부분에 있는지 파악하여 시공간에 대한 인지능력을 키울 수 있습니다. 예를 들어 눈과 입으로는 악보의 세 번째 박을 읽고 있는데, 박자젓기를 하는 손은 두 번째 박에 머무르고 있다면 스스로 하는 연습이 뭔가 잘못됐다는 것을 쉽게 알 수 있습니다. 이렇듯 박자젓기 훈련을 통해 정확한 박자 감각을 키울 수 있습니다.

박자젓기를 할 때는 오케스트라나 합창단을 지휘하는 지휘자처럼 화려하거나 큰 동작을 하지 않도록 주의합니다. 본인이 몇 번째 박의 박자를 지휘하고 있는지를 인지하는 것이 가장 중요한 것이며 굳이 불필요한 동작으로 인해 박자를 놓쳐 템포의 빠르기에 영향을 줄 수 있기 때문입니다. 예를 들어 가장 흔한 4/4박자의 지휘 패턴의 경우 지휘자의 개성에 따라 지휘법이 조금씩 다를 수는 있지만, 기본적으로 첫 박은 아래로 내려가는 다운비트(Down Beat)로 마디의 처음 강박을 카운트하고, 두 번째 박은 왼쪽으로, 세 번째 박은 오른쪽으로, 그리고 네 번째인 마지막 박은 업비트(Up Beat)로 위로 올리는 패턴을 가집니다. 이처럼 박자젓기를 할 때 동작이 조금 단순하더라도, 손이 오른쪽에 있는지, 위로 올라가는지를 통하여 어떤 박을 카운트 하고 있는지를 아는 것이 중요합니다.

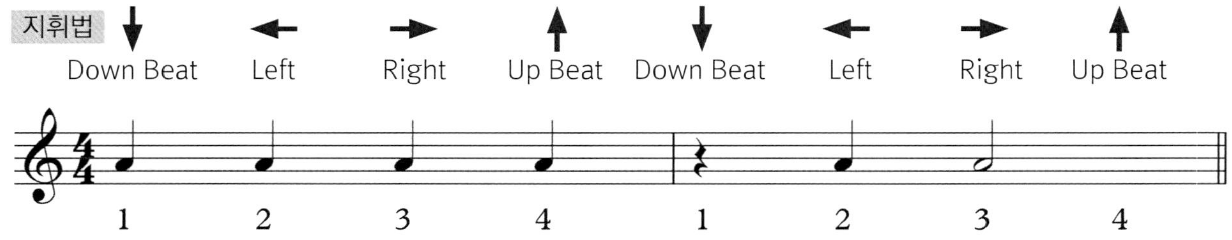

대표적인 홑박자인 2박자, 3박자, 4박자의 박자젓기는 각각 겹2박자, 겹3박자, 겹4박자의 박자젓기 패턴과 동일하지만, 겹박자의 경우 카운트하기 쉽게 한 박을 세 개씩 나눠서 박자젓기를 합니다.

(1) 홑2박자와 겹2박자의 지휘법

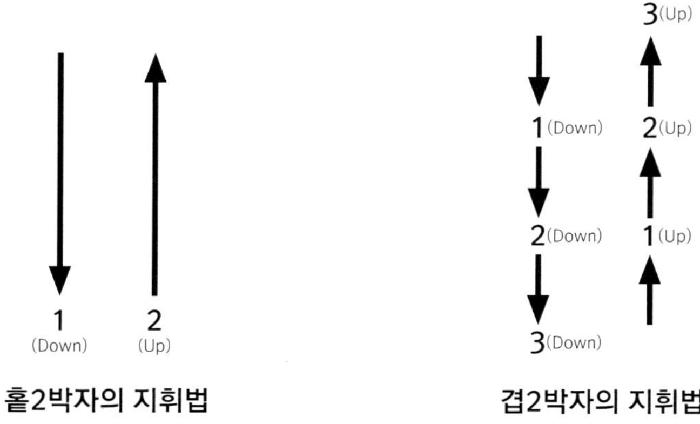

홑2박자와 겹2박자의 박자젓기는 위의 그림과 같이 아래로(Down Beat) 내리고, 위로(Up Beat) 올리는 단순한 패턴입니다. 홑2박자와 겹2박자는 한 마디 안의 '박(拍)' 의 수와 박자의 강세는 같지만, 겹박자의 경우 카운트하기 쉽게 한 박을 세 개씩 분할해줍니다. 예를 들어 겹2박자인 ❻박자의 경우 한 박(♩)을 '♪' 로 세 개씩 나누고 그룹핑 (♩♩♩)하여 박자젓기 합니다. 불필요한 동작은 최대한 배제하고 다운비트와 업비트를 정확하게 카운트하는 것이 중요합니다. 만약 아래로 내리는 박자젓기를 하고 있다면 다운비트, 즉 첫 박을 카운트하는 것이고, 반대로 위로 올리는 박자젓기를 하고 있다면 업비트인 두 번째 박을 카운트하는 것을 쉽게 알 수 있습니다.

(2) 홑3박자와 겹3박자의 지휘법

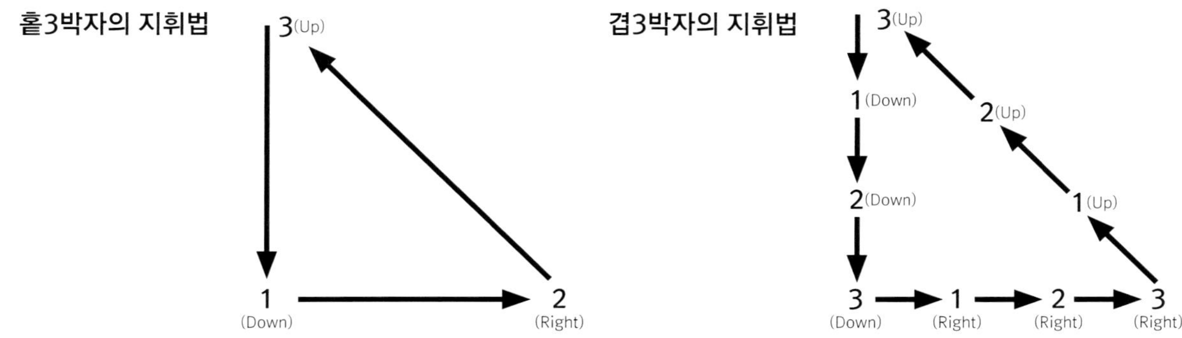

홑3박자와 겹3박자의 박자젓기는 위의 그림과 같이 아래로(Down Beat) 내리고, 오른쪽으로(Right), 그리고 위로(Up Beat) 올리는 패턴입니다. 홑3박자와 겹3박자는 한 마디 안의 '박(拍)' 의 수와 박자의 강세는 같지만, 겹박자의 경우 카운트하기 쉽게 한 박을 세 개씩 분할해줍니다. 예를 들어 겹3박자인 9/8박자의 경우 한박(♩)을 '♪' 로 세 개씩 나누고 그룹핑(♪♪♪)하여 박자젓기 합니다. 만약 아래로 내리는 박자젓기를 하고있다면 다운비트, 즉 첫 박을 카운트하는 것이고, 오른쪽으로 박자젓기를 하고 있다면 두 번째 박을, 그리고 위로 올리는 박자젓기를 하고 있다면 업비트인 세 번째 박을 카운트하는 것을 쉽게 알 수 있습니다.

(3) 홑4박자와 겹4박자의 지휘법

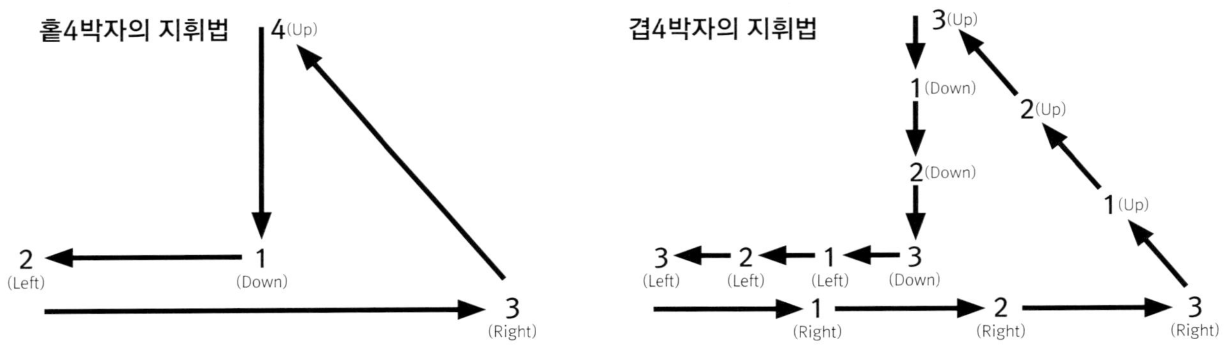

홑4박자와 겹4박자의 박자젓기는 위의 그림과 같이 아래로(Down Beat) 내리고, 왼쪽으로(Left), 오른쪽으로(Right), 그리고 위로(Up Beat) 올리는 패턴입니다. 홑4박자와 겹4박자는 한 마디 안의 '박(拍)' 의 수와 박자의 강세는 같지만, 겹박자의 경우 카운트하기 쉽게 한 박을 세 개씩 분할해줍니다. 예를 들어 겹4박자인 12/8박자의 경우 한 박(♩)을 '♪' 로 세 개씩 나누고 그룹핑(♪♪♪)하여 박자젓기 합니다. 만약 아래로 내리는 박자젓기를 하고 있다면 다운비트, 즉 첫 박을 카운트하는 것이고, 왼쪽으로 박자젓기를 하고 있다면 두 번째 박을, 오른쪽으로 박자젓기를 하고 있다면 세 번째 박을, 그리고 위로 올리는 박자젓기를 하고 있다면 업비트인 네 번째 박을 카운트하는 것을 쉽게 알 수 있습니다.

(4) 분할하기(Subdivisions)

때론 어떤 악보의 리듬에 유독 특정 음표가 많다면, 그 음표를 기준으로 한 박자를 분할해서 박자젓기를 하는 것이 도움 됩니다. 예를 들어 아래의 그림과 같이 '메트로놈' 은 $\frac{4}{4}$박자에 맞춰 규칙적으로 카운트되지만, '연주' 의 악보를 보면 리듬의 대부분이 주로 '♪' 로 구성된 것을 볼 수 있습니다. 이럴 경우 한 박인 '♩' 를 '♪' 두 개로 나누어서 리듬을 읽고, 박자젓기하는 것이 더 쉽습니다. 이때는 "원, 투, 쓰리, 포" 로 읽지 않고 '+(앤)' 을 붙여서 "원-앤, 투-앤, 쓰리-앤, 포-앤" 으로 두 개씩 나누어서 읽습니다. 만약에 '♬' 가 주로 사용된 리듬이라면 한 박인 '♩' 를 네 개로 나누어서 리듬을 읽고, 박자젓기를 합니다. 이때는 "원, 투, 쓰리, 포" 대신, "원-이-앤-아, 투-이-앤-아, 쓰리-이-앤-아, 포-이-앤-아" 로 더 잘게 나누어서 읽습니다. 분할법은 특히 리듬의 그루브가 잘게 나누어진 음악의 리듬을 읽거나 박자젓기를 할 때 더욱 효과적 입니다.

주로 8분음표로 구성된 악보

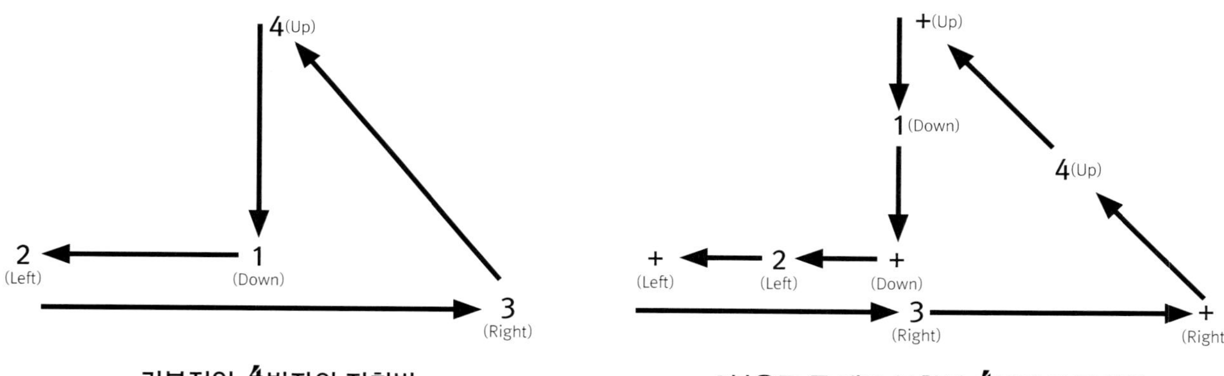

기본적인 $\frac{4}{4}$박자의 지휘법

8분음표 두 개로 분할된 $\frac{4}{4}$박자의 지휘법

Conduct 1

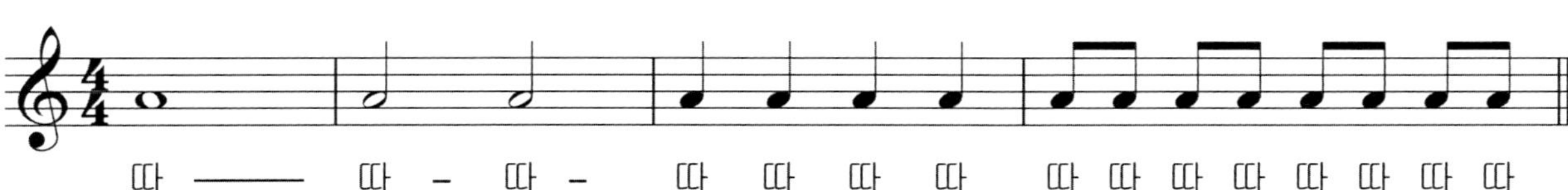

따 따 따 따 따 따 따 — 따 따 따 따 따 따 — 따
따 따 따 따 따 따 — 따 — 따 따 따
따 따 따 따 따 따 따 따 따 따 따 따 따 따 따
따 따 따 따 따 따 따 따 따 따 따 따 따 따
따 따 따 따 따 따 따 따 따 따 따 따 따
따 따 따 따 따 따 따 따 따 따 따 따 따 따 따 따 따 따
따 따 따 따 따 따 따 따 따
따 따 따 따 따 따 따 따 — 따 따 따

15
따 따 따 따 따 — 따 따 따 따 따 따 따 따 따 따 따 따
16
따 따 따 따 따 따 따 따 따 따
17
따 — 따 따 따 따 따 따 따
18
따 따 따 따 따 따 따 따 따 따 따 따 따 따 따 따
19
따 따 따 따 따 따 따 따 따 따
20
따 따 따 따 따 따 따 따 따 따 따 따 따 따
21
따 따 따 따 따 따 따 따 따 따 따 따 따

Audio Sample

Conduct 2

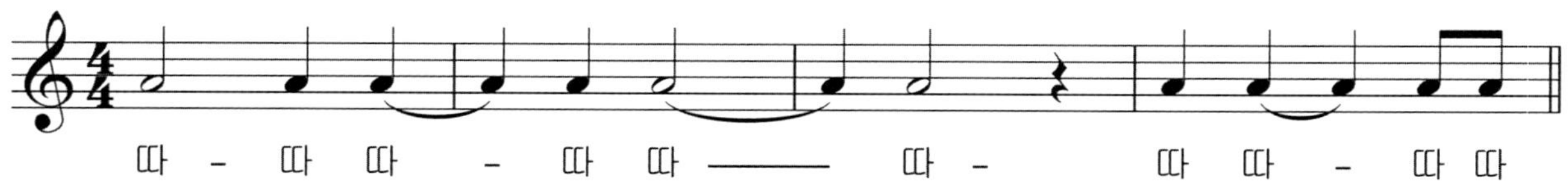

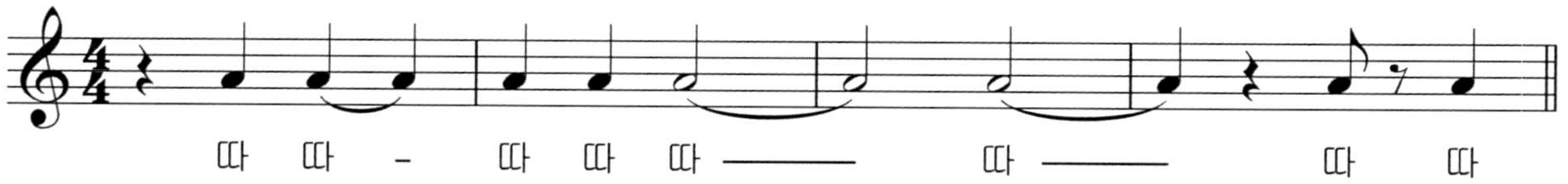

8
따 따 따 따 — 따 따 따 따 따 — 따 따 따 — 따 — 따 따 —
9
따 따 따 — 따 따 따 — 따 따 따 따 — 따 —
10
따 따 따 따 — 따 따 — 따 따 따 따 따 — 따 — 따 따 — 따 —
11
따 따 따 따 — 따 따 따 따
12
따 따 따 따 — 따 따 — 따 따 따 — 따 따
13
따 따 따 따 따 따 — 따 따 따 따 따 — 따 — 따 따 따 따 따 따 —
14
따 따 따 따 — 따 따 따 따 따 따 따 — 따 따 따 따

15
따 - 따 - 따 따 따 - 따 따 - 따 따 따 따 따 따
16
따 따 - 따 따 - 따 따 - 따 따 따
17
따 - 따 따 따 따 - 따 따
18
따 - 따 따 따 따 - 따 따 따 - 따 따 따 따 - 따 따 따 따
19
따 따 따 따 - 따 따 - 따 따 따 따 - 따 따 따 -
20
따 따 따 따 - 따 따 따 따 - 따 —— 따 - 따 따
21
따 따 따 - 따 - 따 따 따 따 따 따 따 따 따 - 따 따 따 따 따 따

Audio Sample

Conduct 3

1

2

3

4

5

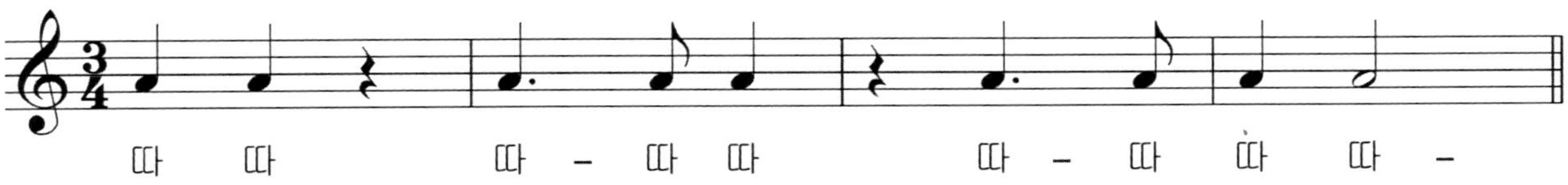

6

7

15
따 따 따 따 따   따 — 따 따 따 따   따 따 따 따 따   따 따   따 — 따 따
16
따 따 따 — 따 — 따 따 따 — —   따 따 따 따 따 따 따 따 따 따 따 따
17
따 — 따 따   따 따 따 따 따 — 따 —   따 따 따 따 따 따 따 따
18
따 따 따 따   따 따 따 따 따 따 따   따 따 따 따 따 따 따
19
따 따 따 따   따 따 따 따 따 따 따 따 따   따 따 따
20
따 따 따 따 따   따 따 따 따 따 따 따   따 따 따 따 따   따 따 따 따 따 따 따
21
따 — 따 — 따 —   따 따 따 따   따 — 따 — 따 — 따 따 따 따 따 — 따

Audio Sample

Conduct 4

따 따 따 따 따 따 따 따 따 따 따 따 따 - 따
따 따 - 따 따 - 따 따 따 따 따 따 따 따 따 따 따 - 따
따 따 따 따 따 따 따 따 따 따 따 따 따 따 따 따 따 따 - 따 따 따 따 따 따 따
따 따
따 따 따 따 - 따 따 따 따 따 따 따 따 - 따 따 따 따 따 따 따 따 따 따 따 따 따
따 따 따 따 따 따 따 따 따 따 따 따 따 따 - 따 따 따 - 따 따 따 - 따 따 따 따 따 따 따
따 - 따 따 따 따 따 따 따 따 따 따 - 따 - 따 따 따 따 따 - 따 따 따 따 따 따 따

15
따 따 따 따 따 따
따 따 따 따 따 따 따 따
따 따 따 따 따 따 따 따
16
따 따 따 따 따 따 − 따 따 따 따 따 따 따
따 따 따 따 따 따 따 −
17
따 따 따 따 따 따 따 따 따 따 따 따 따 따 따
따 따 − 따 따 따 따 따 따
18
따 따 따 따 따 따 따 따 따 따 따 −
따 따 따 따 따 따 따 따 따 따 따 따
19
따 따 따 따 따 따 따 따 따 따 따 따 따 −
따 − 따 따 따 따 따 − 따 따 −
20
따 따 따 − 따 따 따 따 따 − 따 따 따 따 따 따 따 − 따 따 따 −
21
따 따 따 따 따 따 따 따 따 따 따 따 따 따 −
따 따 − 따

Audio Sample

Conduct 5

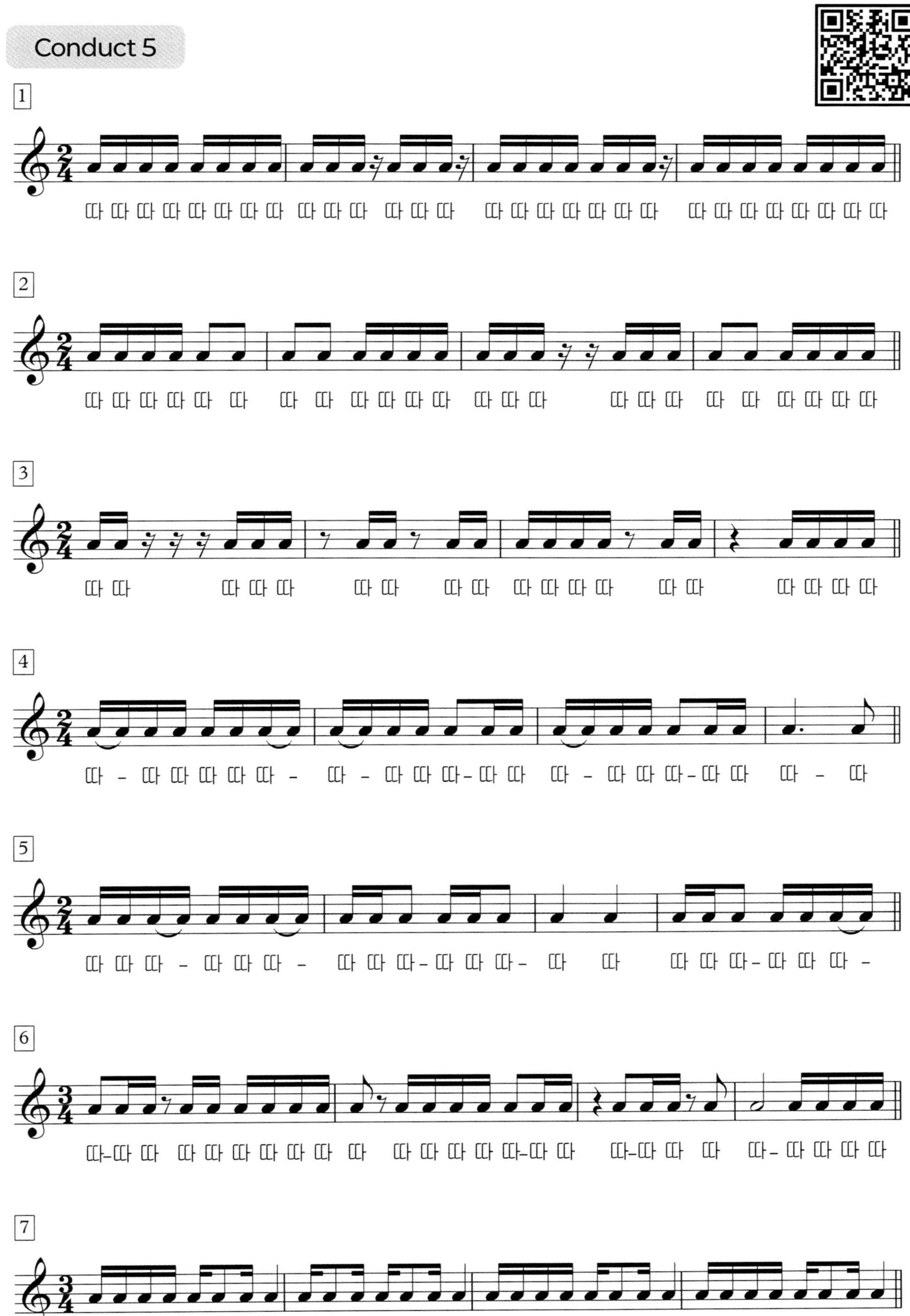

Conduct 6

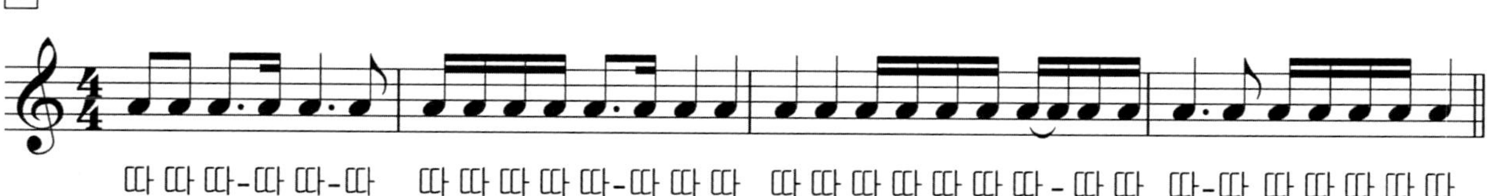

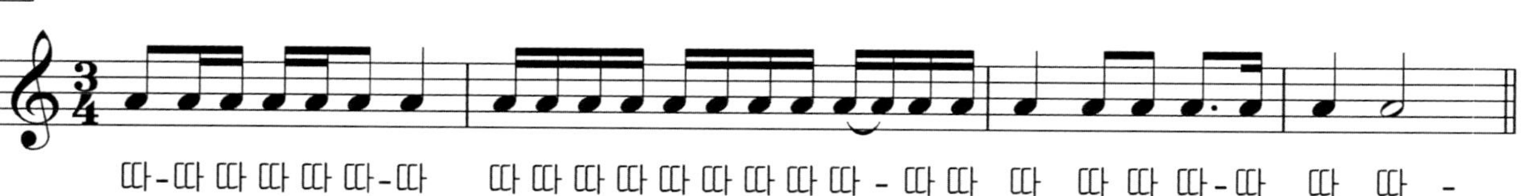

8
따 따 따 - 따 따 따 - 따 따 따 따 따 따 따 따 따 따 따 따 따 따 따
9
따 따 따 따 따 따 따 - 따 따 따 따 따-따 따-따 따 - 따-따 따-따 - 따 따 따 -
10
따 - 따 따 - 따 따 따 따 따 따 따 따 따 따 따 따 - 따 따 -
11
따 따 따 따 따 - 따 따 따-따 따- 따 따 따 따 따 - 따 따
12
따 따 따 따 따 따 따 - 따 따 따 따-따 따-따 따 따 - 따 따 따 따 따 -
13
따 따 따 따 따 따 따 따 따 따 따 따 따 따 따 따 - 따
14
따-따 따-따 따 따 따 - 따 따-따 따-따 따 - 따 따 - 따 따 따 따 따 따

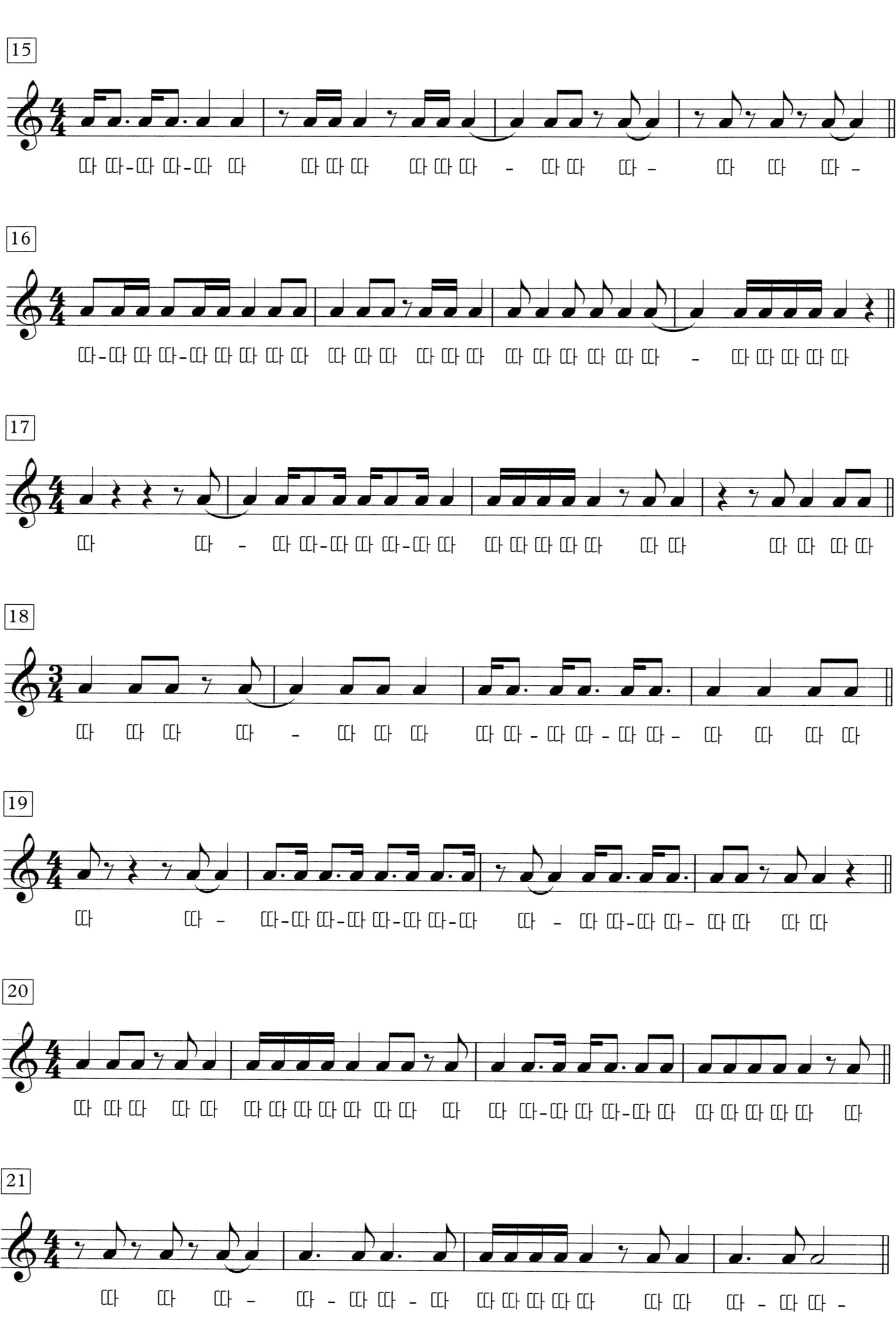

Conduct 7

따 - 따 따　따 -　따 따　따 따 따 따 따 따 따 따　따 따　따　따 따

따 따 따 따 따　따 따 따　따 따 따 따 따 - 따 따　따 - 따

따 - 따 -　따 따 따 따　따 -　따 따 따 - 따 따　- 따 따

따　따 - 따　따 - 따　따 따 따 - 따 따　따 - 따　따 따 따 따 따

따 -　따 따 - 따 따 따 따 따　따 - 따 따 따 따　따 - 따 -

따 따-따 따 따-따　따 - 따 따 따 따 - 따 따 따 따 따　따 ——　따-따 따-따

따 따 따 따 따 따　따 따 따 따 따 따　따 - 따 따 따 따　따 따 따 따

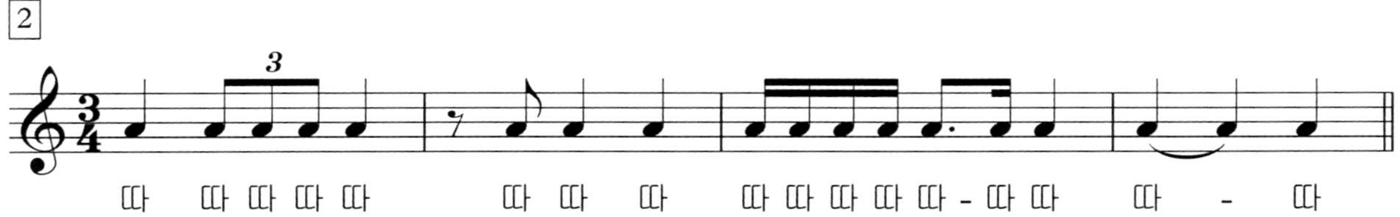

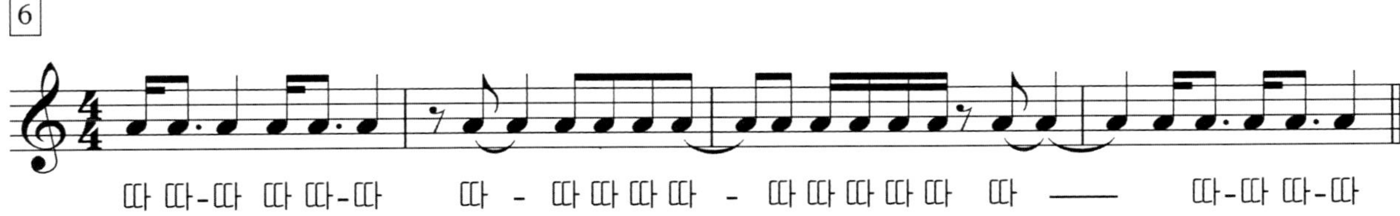

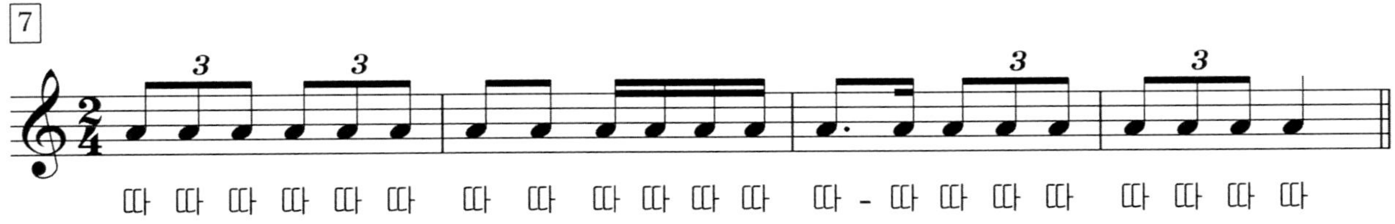

Conduct 8

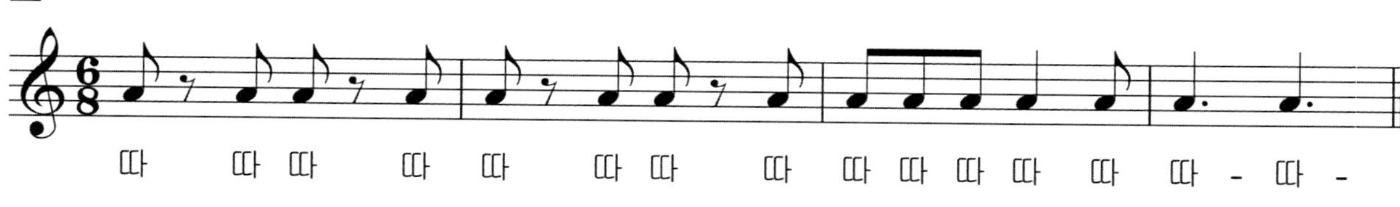

15
16
17
18
3
19
20
21

Conduct 9

8
9
10
11
12
13
14

15
따 따 따 - 따 따 따 따 따 따 따 따 따 따 따
16
따 따 따 따 따 따 따 따 따 따 -
17
따 - 따 - 따 - 따 따 따 따
18
따 - 따 따 따 따 - 따 따 따 따 따 따 따 따 따 - 따 따 따 따 따 따
19
따 따 따 - 따 따 따 따
20
따 따 따 - 따 따 따 따 따 따 따 따 따 따 -
21
따 따 따 따 따 따 따 따 따 따 따 따 - 따 따 따 따 따 따 따 따 따

Audio Sample
Conduct 10

8
따 따 따 따 따 따 - 따 따 따 - 따 따 따
9
따 따 따 따 따 - 따 따 따 따 따 따 따 따
10
따 - 따-따 따 따 - 따 따 따 따 따 따 - 따 따 따 따-따 따
11
따 따따 따-따따-따따 따 따-따따 따-따따 따 따 따따 따-따따-따 따 - 따-따 따
12
따 따 - 따 따 따-따 따 따-따 따 따- 따 따 따
13
따 따 - 따 따 따 - 따 따 따 따-따 따 - 따- 따 따 - 따 따 따-
14
따 따 따 따 따 따- 따 따 따-따 따 - 따 - 따 따

03 그루브(Groove)에 맞춰 지휘하면서 리듬 카운트하기

1. Groove 1~10

앞의 연습 방법에서 설명한 것처럼 이번 장에서는 리듬 악보를 읽되, 제공된 그루브 음원에 맞춰 박자젓기 를 하면서 입으로 소리내어 읽는 연습을 하겠습니다.

연습 방법은 **'Part 2. 실전연습 2. 메트로놈**(Metronome)**에 맞춰 지휘하면서 리듬 카운트하기'** 와 같으며, 메트로놈 대신 그루브 음원에 맞춰서 연습합니다. 제공된 그루브 음원은 블루스(Blues), 팝(Pop), 록(Rock), 스윙 재즈(Swing Jazz), 라틴(Latin) 등 다양한 리듬의 스타일과 템포로 구성되어 있습니다. 악보는 '실전 연습 1, 2' 와 동일하지만, 음표와 함께 제시한 '숫자' 와 '따' 는 생략이 되어있습니다. 리듬 악보를 읽는 연습은 앞에서 주어진 악보만으로도 충분하기 때문에 굳이 새로운 리듬의 악보를 계속 제시하는 것보다는 주어진 악보를 최대한 마스터하는 것이 더 중요하다는 필자의 생각에 따라서 동일한 악보로 계속 훈련하도록 합니다.

앞에서 연습한 **'메트로놈**(Metronome)**에 맞춰 손뼉 치면서 리듬 카운트하기'** 와 **'메트로놈**(Metronome)**에 맞춰 지휘하면서 리듬 카운트하기'** 에 제공된 음원은 메트로놈의 템포가 BPM=80이어서 16분음표가 들어간 악보를 연습하는 데 어려움이 없지만, 그루브 음원의 경우 빠른 템포(Fast Tempo)와 일부 미디엄 템포(Medium Tempo) 의 음원에선 16분음표를 읽기 위해 연속해서 입으로 '따' 를 발음하기가 어려울 수 있습니다. 그러므로 빠른 템포와 미디엄 템포의 음원을 연습할 때는 주로 앞부분에 위치한 8분음표를 활용한 악보만 사용하여 연습하는 것이 좋습니다. 그루브 음원 연습은 앞의 연습처럼 메트로놈에 맞춰 정확한 리듬읽기와 카운트하는 것이 목적이 아니므로 그루브 음원을 지나치게 복잡한 악보에 맞춰 연습하는 것은 오히려 연습 효과를 반감시키는 원인이 됩니다. 그런데도 16분음표가 들어간 악보를 빠른 템포의 그루브 음원으로 연습하고 싶다면, 입으로 '따' 대신에 '원-이-앤-아' 로 읽습니다. 너무 빠른 템포의 음원을 '따' 로만 연속해서 발음하다 보면 혀가 꼬이기 때문에 '원-이-앤-아' 로 발음하는 것이 더 효과적이고 아주 빠른 템포의 곡을 제외하곤 입으로 악보 읽기가 어느 정도 가능합니다. 또는 악보를 굳이 입으로 '따' 소리를 내며 읽는 것이 아니라, 그루브 음원에 맞춰 박자젓기를 하면서 눈으로만 읽는 것도 도움이 됩니다. 슬로우 템포(Slow Tempo)와 일부 미디엄 템포의 음원은 16분음표가 들어간 악보라도 입으로 '따' 를 발음하며 연습할 수 있으므로 본인의 판단으로 선택하여 연습하면 됩니다. 제공된 그루브 음원은 주로 $\frac{4}{4}$ 박자로 구성되어 있습니다. $\frac{3}{4}$ 박자 연습은 음원 중 'Jazz-Waltz' 와 같은 음원을, 겹박자 계열의 $\frac{6}{8}$, $\frac{9}{8}$, $\frac{12}{8}$ 등의 박자 연습은 음원 중 'Pop-$\frac{6}{8}$' 과 'Pop-$\frac{12}{8}$' 에 맞춰 연습합니다. $\frac{5}{4}$박자와 같은 보편적이지 않은 박자 연습을 위한 그루브 음원은 별도로 제작하지 않았습니다.

악보 읽는 것을 꼭 음원의 첫 부분부터 시작하지 않아도 됩니다. 음원을 들으면서 그루브를 타다가 박자젓기로 마디의 시작점인 다운비트(Down Beat)를 찾아보세요. 음원에 맞춰 박자젓기를 하면서 리듬 악보를 읽다 보면, 메트로놈으로는 느낄 수 없던 다양한 스타일의 그루브를 쉽게 느낄 수 있을 것입니다.

음원은 총 28개의 트랙으로 구성되어 있으며, 최고의 연주자들이 할리우드에서 직접 라이브로 녹음했습니다. 제공된 그루브 음원의 리스트는 다음과 같습니다.

Groove - Jazz-Waltz (123)
Groove - Latin-Bolero (88)
Groove - Latin-Bossa (121)
Groove - Latin-Mambo (130)
Groove - Latin-Samba (124)
Groove - Pop-6 8 (60)
Groove - Pop-12 8 (70)
Groove - Pop-16th Shuffle (90)
Groove - Pop-16th Straight (99)
Groove - Pop-Fast Pushes (138)
Groove - Pop-Slow 8th (75)
Groove - Rock-Ballad (60)
Groove - Rock-Fast (124)
Groove - Rock-Fast Shuffle (149)
Groove - Rock-Medium (123)
Groove - Rock-Slow 8th (90)

Groove 1

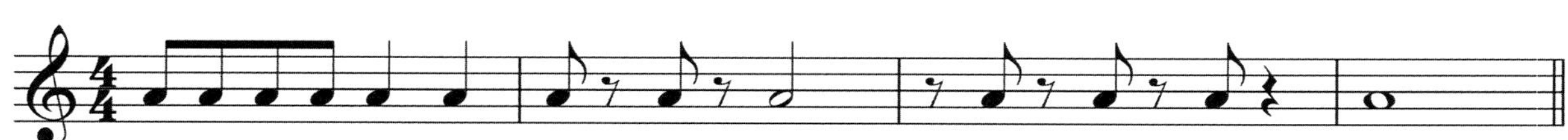

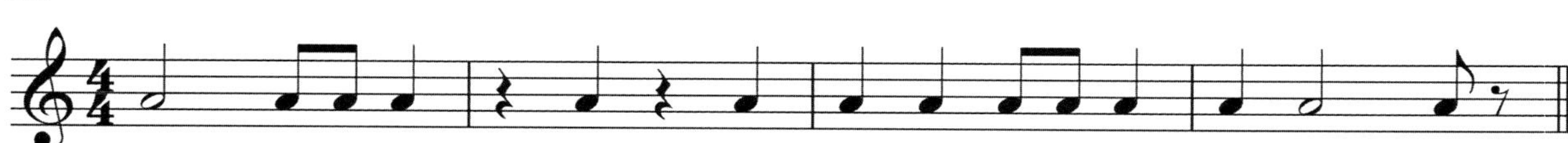

Groove 2

Groove 3

Groove 4

Groove 5

Groove 6

1

2

3

4

5

6

7

Groove 7

Groove 8

8
9
10
11
12
13
14

15
16
17
18
19
3
20
21

Groove 9

Groove 10

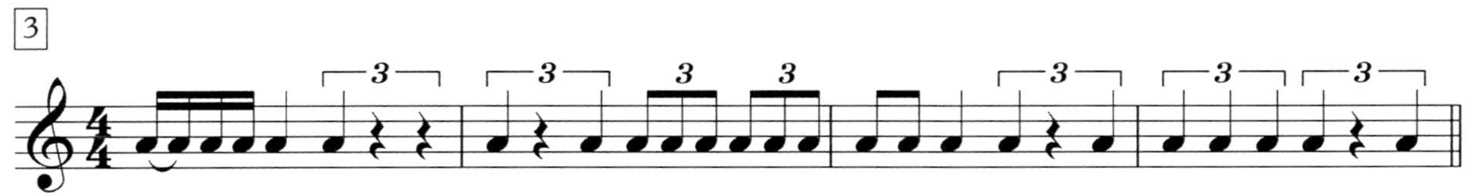

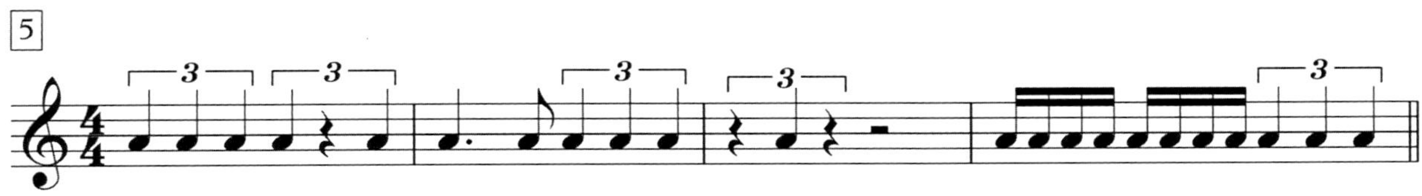

음원 작업 Musician Credit

- 레코딩 스튜디오: Citrus Recording Studios (in Glendora, California)
- 레코딩&믹싱 엔지니어: Tim Jaquette
- 마스터링 스튜디오: 프로 보컬 인스티튜트 스튜디오 (Pro Vocal Institute Studio)
- 마스터링 엔지니어: 전기영
- 작곡&편곡: 전기영
- Guitar: Ken Song
- Keyboards: Greg Mathieson
- Bass Guitar: David Hughes
- Drums: John Ferraro

보컬트레이닝의 정석 Ⅱ

1판 1쇄 발행 2025년 7월 21일

지은이 전기영 / 펴낸곳 열심

편집 유승환 / 디자인 유승환

출판등록 제2024-000229호 / 주소 서울특별시 마포구 성미산로 195 301호 (연남동)

전화 02-511-5832(대표) / 이메일 paidall@naver.com

ISBN 979-11-984529-0-0 13670